SMALL ANTIQUES & COFFEE SHOPS IN TOKYO

KAORI MASUYAMA

東京のちいさなアンティークさんぽ

レトロ雑貨と喫茶店

増山かおり 著

X-Knowledge

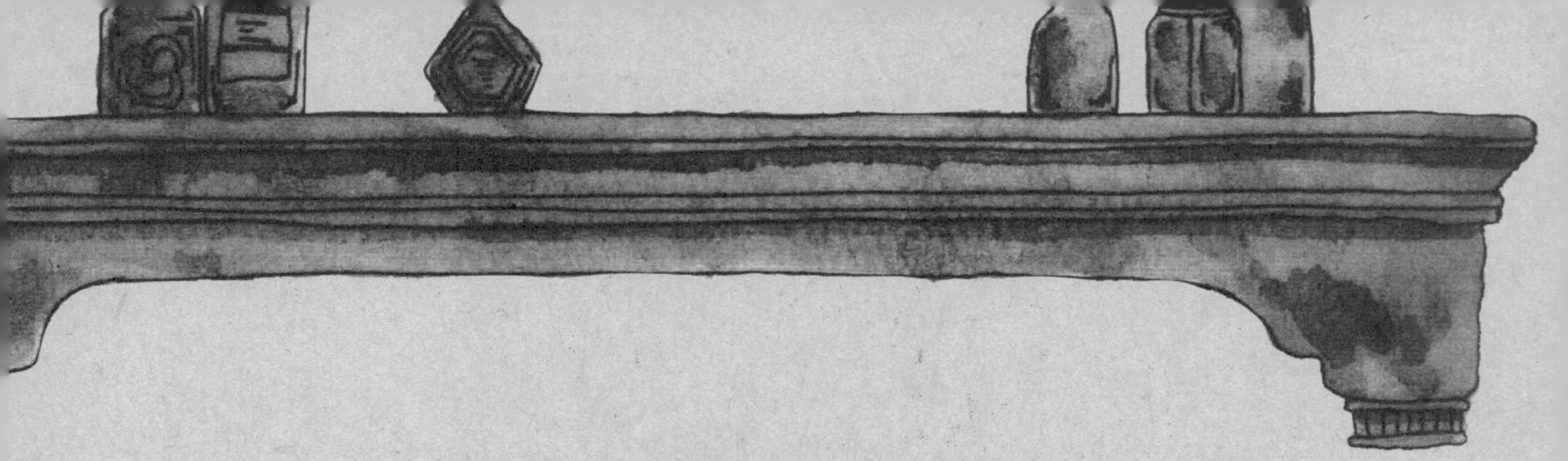

INTRODUCTION

アンティーク、ヴィンテージ、ブロカント、骨董、古道具……
呼び方は違えど、
「古くてよいもの」を愛する人は
いつの時代も絶えません。

この本では、
古いものを慈しむ気持ちを
「レトロ」と表現して
「古くてよいもの」に出会えるお店を紹介しています。

「レトロ」という言葉から想像する時代は、
人によってさまざま。

お母さんからもらった昭和のおもちゃや
おばあさんの引き出しに入っていた大正時代のブローチ、
ひいおじいさんの蔵にしまわれていた、江戸時代の食器。

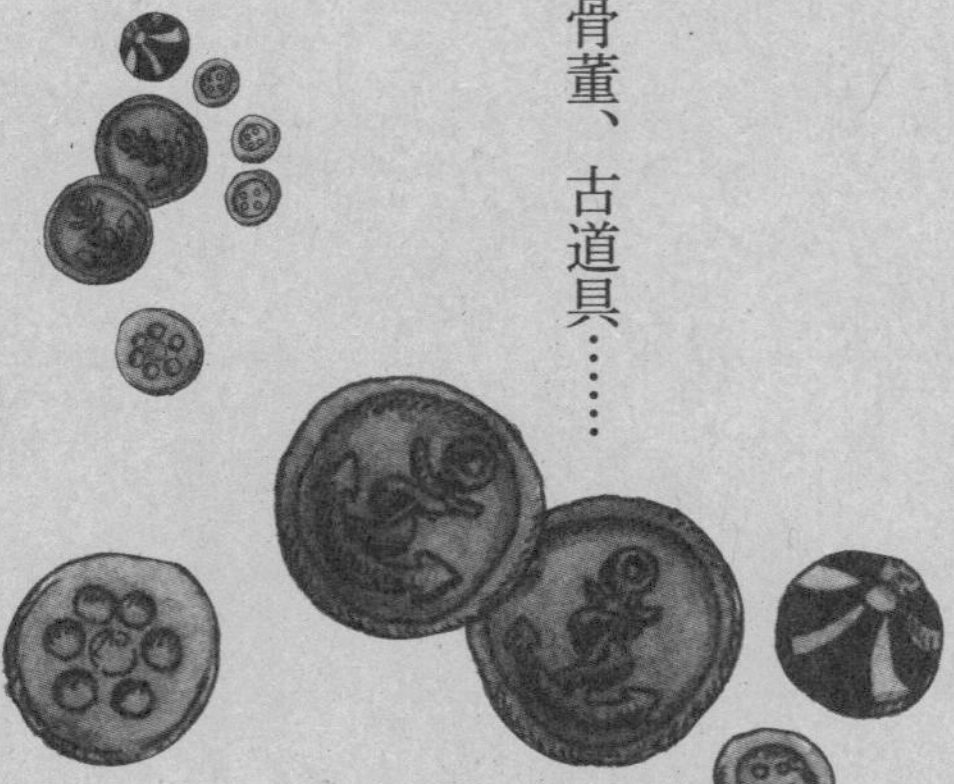

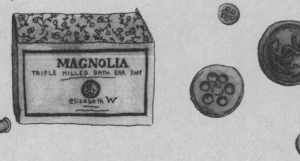

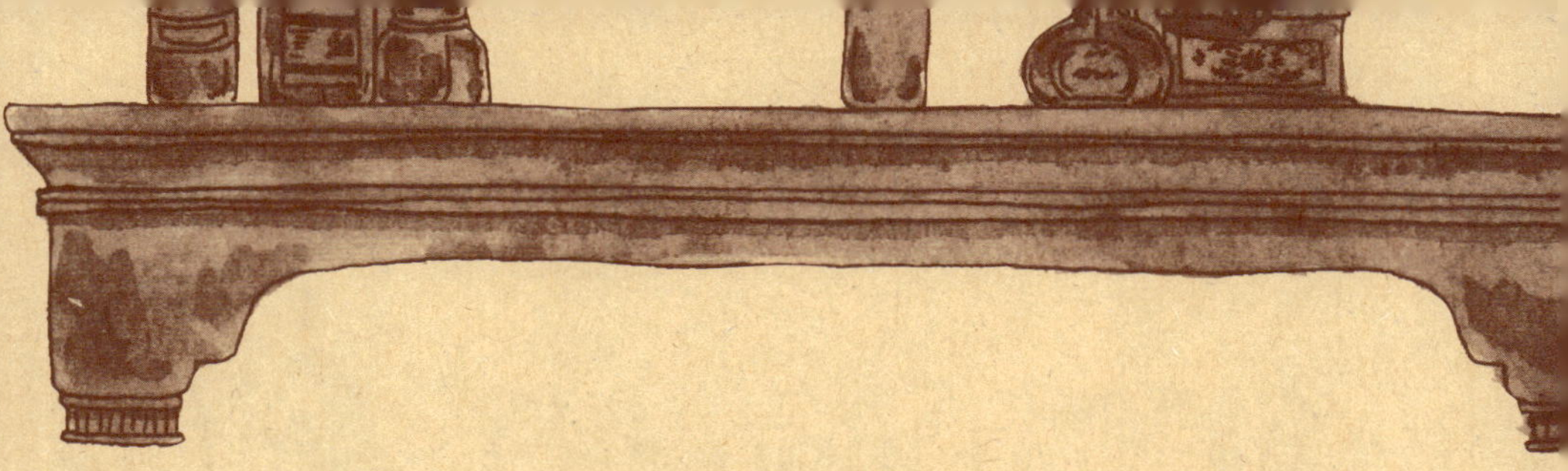

はたまた、産業革命期のイギリスの家具や
アール・ヌーヴォーのステンドグラスを
想像する人もいるかもしれません。

そんなものと共に時を過ごせるアンティークショップや
趣深いレトロな喫茶店が
東京にはあふれています。

街そのものがアンティークのような
木更津・鎌倉・川越に足を伸ばせば
さらに新たな発見が待っているはず。

高級なアンティーク家具に手が届かなくても
数千円の素朴な絵皿や
子供のおこづかいでも買える美しい紙製品など、
気軽に愛せる「レトロ」が
あなたを待っています。

CONTENTS

SMALL ANTIQUES & COFFEE SHOPS IN TOKYO MAP

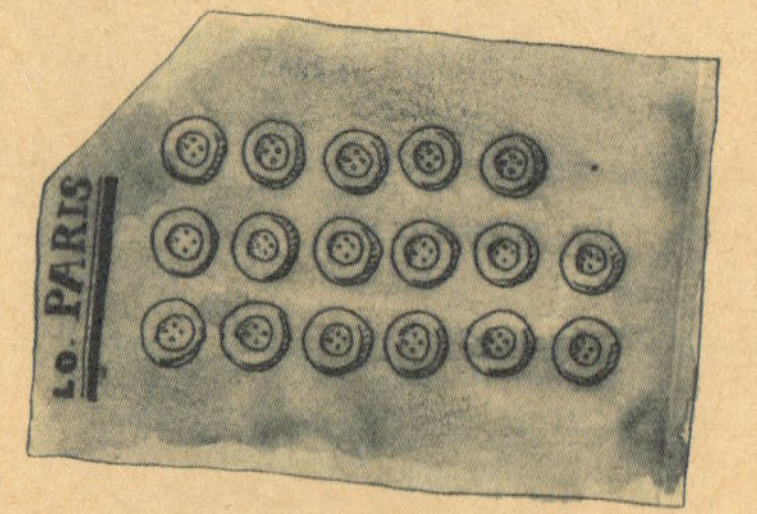

1 中央線エリア

2 渋谷・目黒・世田谷・品川エリア

3 下町・丸の内エリア

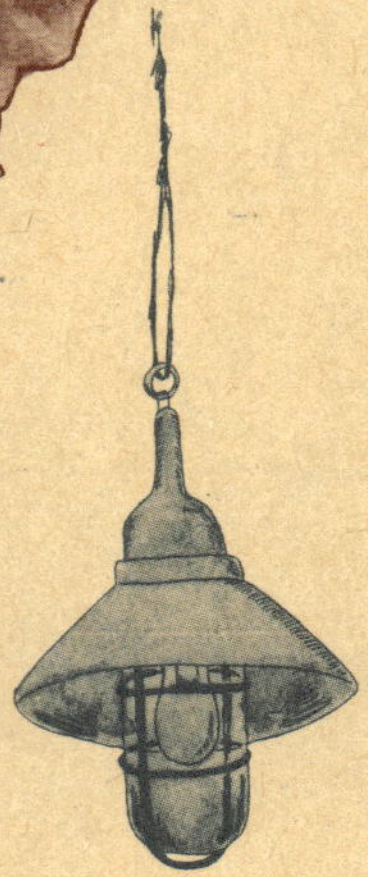

4 京王線エリア

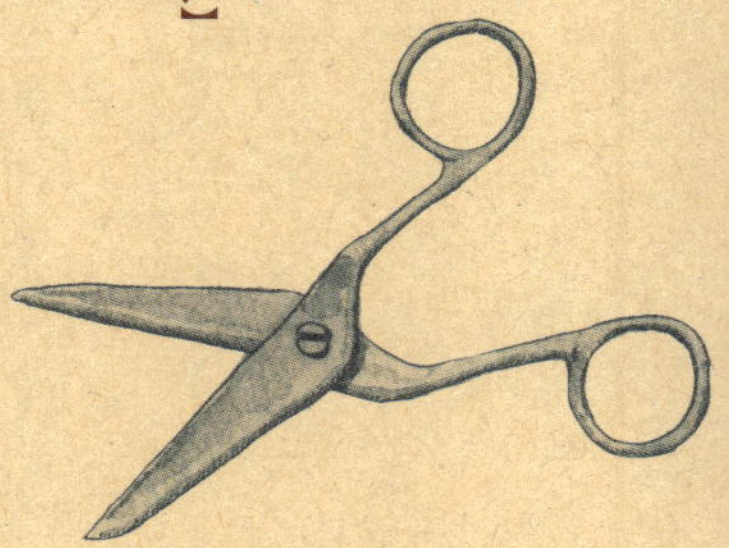

5 千葉・神奈川・埼玉エリア

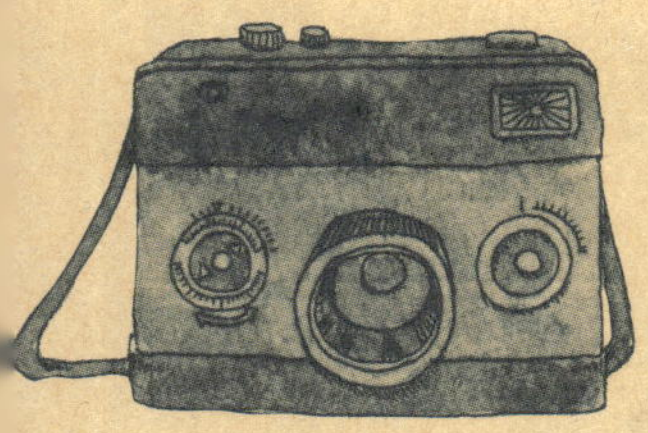

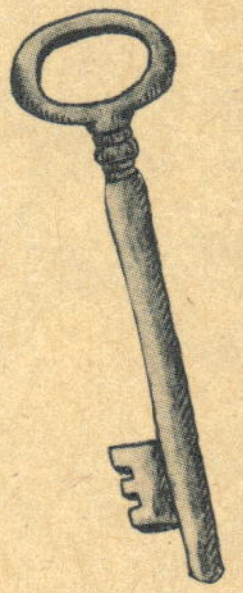

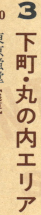

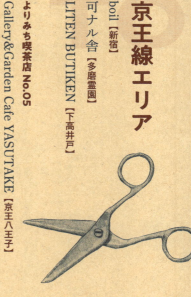

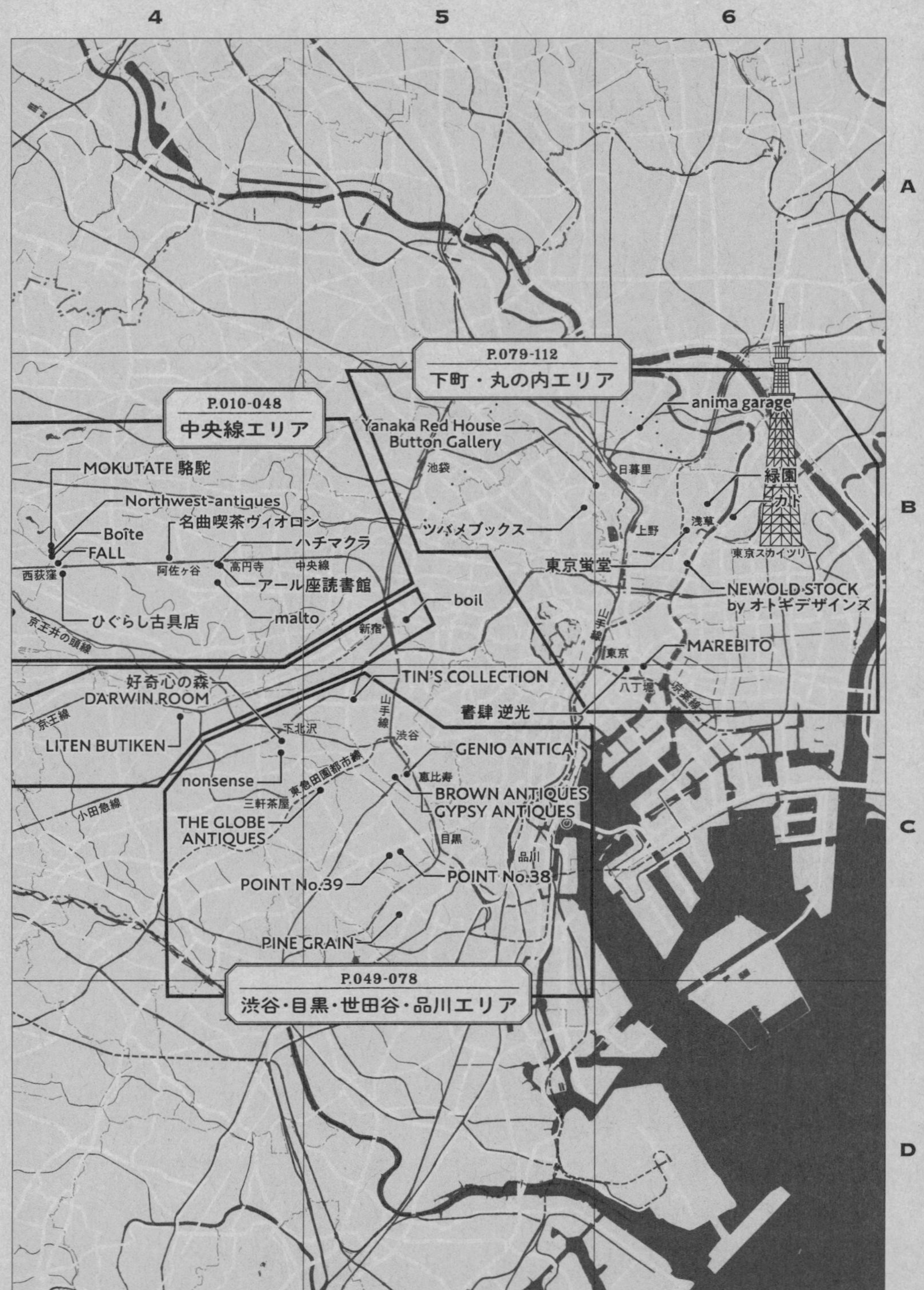

4
5
6
A
B
C
D
P.079-112
下町・丸の内エリア
P.010-048
中央線エリア
P.049-078
渋谷・目黒・世田谷・品川エリア
anima garage
Yanaka Red House
Button Gallery
池袋
日暮里
緑園
カド
MOKUTATE 駱駝
Northwest-antiques
Boîte
FALL
名曲喫茶ヴィオロン
ハチマクラ
西荻窪
阿佐ヶ谷
高円寺
中央線
アール座読書館
ひぐらし古具店
malto
ツバメブックス
上野
浅草
東京スカイツリー
東京蛍堂
NEWOLD STOCK
by オトギデザインズ
boil
新宿
山手線
京王井の頭線
MAREBITO
東京
八丁堀
京葉線
TIN'S COLLECTION
好奇心の森
DARWIN ROOM
書肆 逆光
京王線
下北沢
渋谷
LITEN BUTIKEN
GENIO ANTICA
nonsense
恵比寿
東急田園都市線
BROWN ANTIQUES
GYPSY ANTIQUES
三軒茶屋
小田急線
THE GLOBE
ANTIQUES
目黒
品川
POINT No.39
POINT No.38
PINE GRAIN

SMALL ANTIQUES & COFFEE SHOPS IN TOKYO

MAP

レトロ雑貨、古道具、和食器……。東京には、こんなにたくさんレトロな雑貨店があります。巡りつかれたら、コーヒー片手に、ちょっとひといき。

CHUO LINE
№13
MAP 1-2

各ページ記載のマップ番号を見れば、同じエリアのお店が探せます。さあ、とびきりの東京レトロさんぽに出かけましょう。

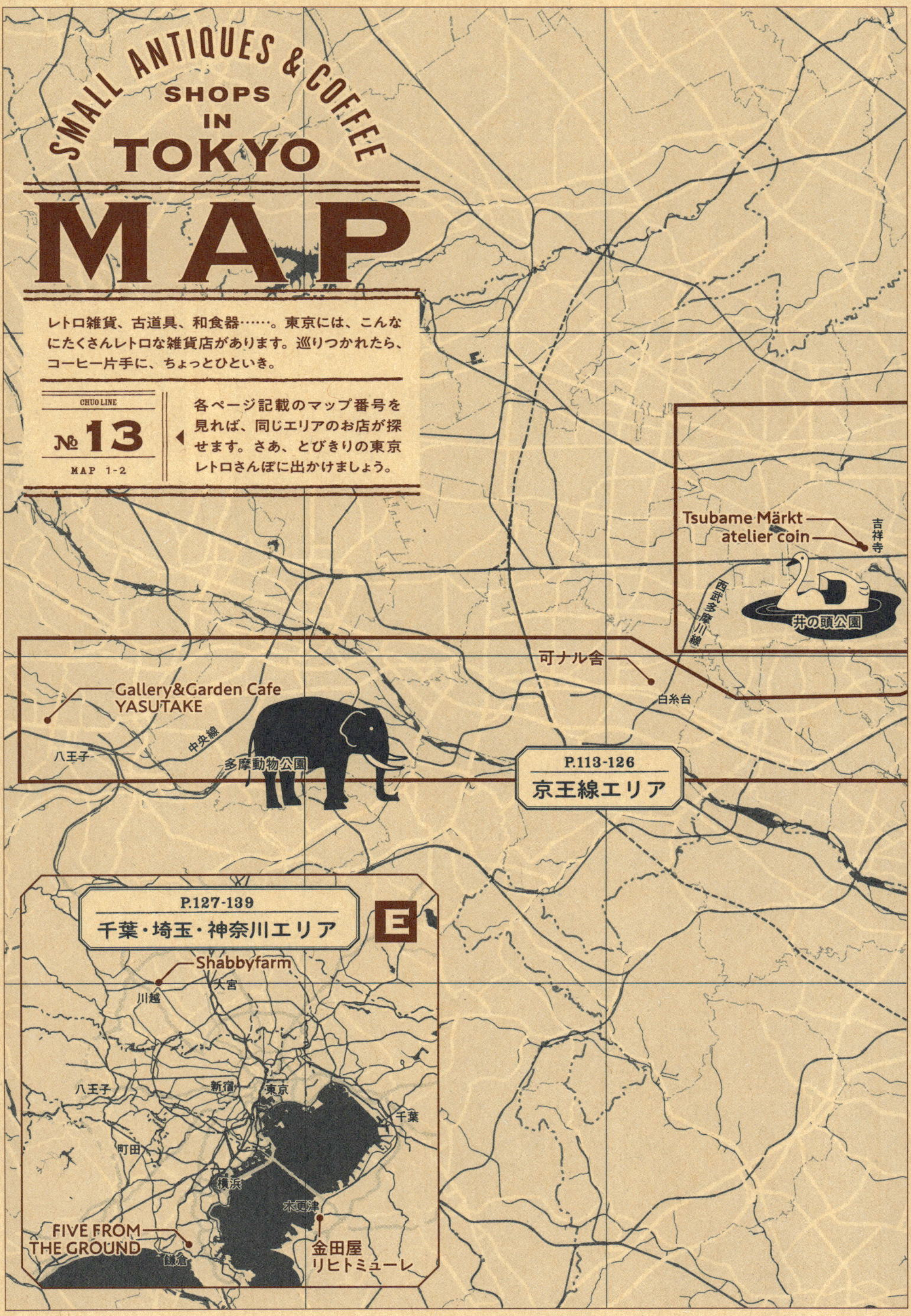

SMALL ANTIQUES & COFFEE SHOPS IN TOKYO

＊ ＊ ＊

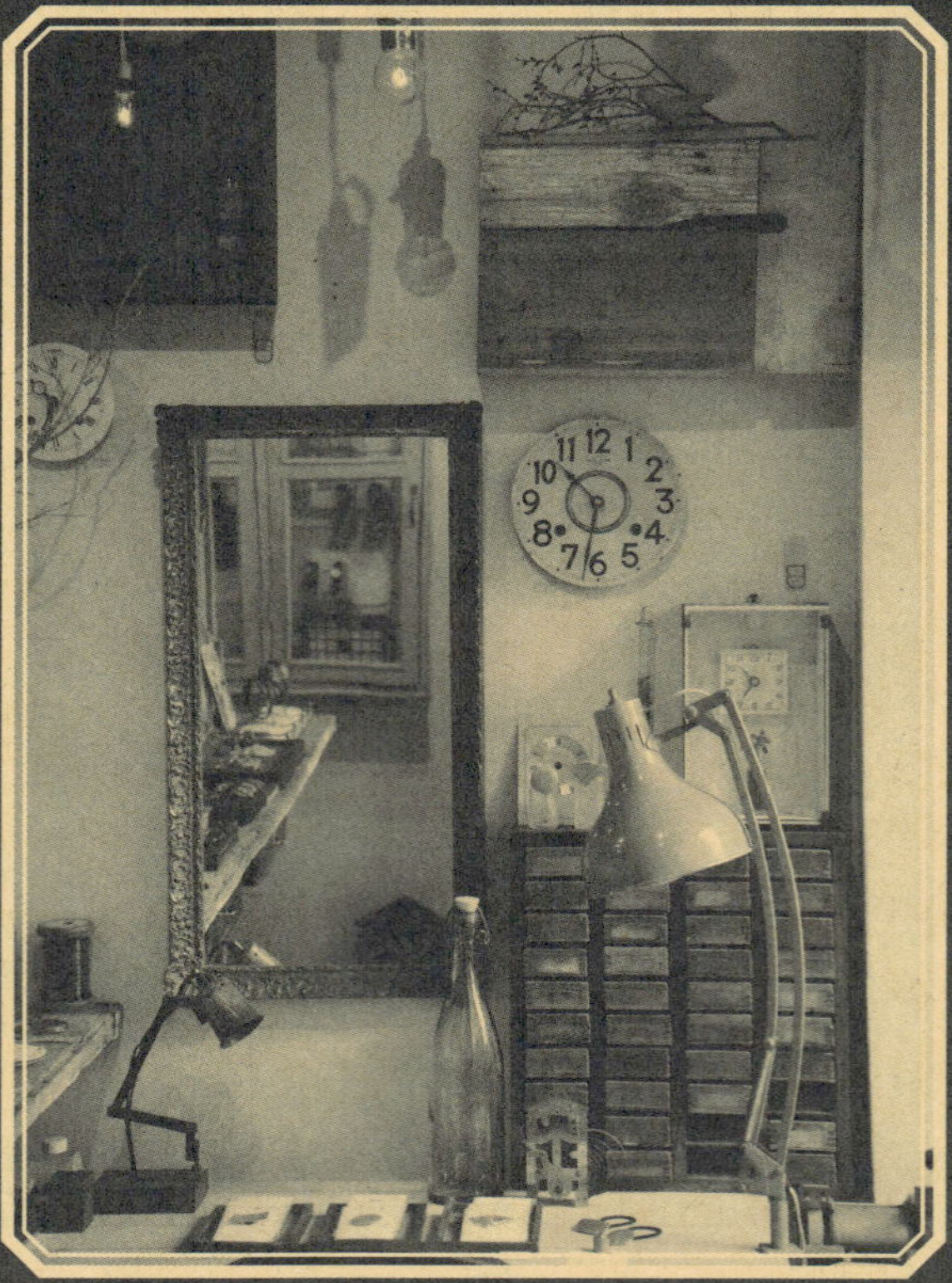

珈琲を片手にお店を巡りながら、
ちいさな旅への扉を開けてみませんか。

SMALL ANTIQUES & COFFEE
SHOPS
IN
TOKYO

AREA 1

CHUO LINE

KOENJI・ASAGAYA・NISHI-OGIKUBO・KICHIJOJI

中央線

高円寺・阿佐ヶ谷・西荻窪・吉祥寺

CHUO LINE

№ 1

MAP 3-B

【吉祥寺 | KICHIJOJI】

Tsubame Märkt

木の靴型、万年筆ブランド・ペリカンの樹脂製ケース、20世紀初期「クレイユ・エ・モントロー」の絵皿など、ジャンルも素材もまったく異なるものが、美しく同居する

時代を越えて巡る日用品の愛らしさ

真鍮が鈍く光るキッチンツールに、木の靴型、小さなアート作品のような香水瓶の箱……。取り扱うジャンルはさまざまですが、すべてに共通しているのは「チャーミング」であるということ。錫をおもな原料とするピューターの食器やシンプルな革製品など、ひとつひとつのアイテムを見ると無骨なものも多いのですが、全体に素朴なかわいらしさが漂うのは、そのためかもしれません。

　店主の竹川さんご夫妻が買い付けに回るのは、フランスのほか、ベルギー、オランダ、ドイツなどヨーロッパの国々。ガラス越しに降り注ぐ日射しを浴びて、食器やカバン、文房具など、身近な日用品が気持ち良さそうに並びます。素朴な印象のアイテムに混じり、からくり仕立てのヨーロッパの地図や、1900年前後に流行した写真を立体視できるステレオスコープなど、メカニックなものが潜んでいるのも見逃せません。品数が多いのに雑然とした感じがなく、親しい友人のリビングで過ごす時のような、心地よい時間が流れます。

古きものが幾人もの手を経て
この場所、この時代によみがえる

1.

2.

設計やインテリア関連の仕事経験を持つ店主と、作家の奥様が集めるアイテムは、大切に手入れをしながら長く愛されたものや、人々の息遣いを感じさせるものばかり。くさびを打って修繕された大皿や、繕いの跡や剥げた木毛がいとおしい人形などは、その空気感ごと今に伝えています。

廃業してしまったフランスの時計メーカー「JAZ」の置き時計や、プジョーのコーヒーグラインダーなどの実用品は、単に使えるようメンテナンスを施すだけでなく、時を経て生まれた風合いをできるだけ残すように心がけているそう。フランスの「クレイユ・エ・モントロー」の判じ絵が描かれた絵皿など、古窯の特長が表れた品にも、隠された遊び心を感じます。

「モノの持つ温かみや、圧倒的な存在感を感じて、引き継いでほしい」という店主の思いは、飛び回り、やがて回帰するツバメの名を冠した店名にも託されています。さまざまな人の手を経て錆び付いたものが、この店を通すことで、もう一度新たな価値をもってよみがえる。そんなアイテムの数々に、「かわいい」とはまた違う力強いチャーミングさを感じずにはいられません。

4.

3.

Tsubame Märkt

（ツバメ マルクト）

東京都武蔵野市吉祥寺本町4-13-3／☎0422-27-2709／11:30-19:30／水曜日休（祝日の場合は翌木曜日休）／JR中央・総武線吉祥寺駅より徒歩約11分／http://tsubamemarkt.com/

1. どっしりとした質感を残しながら磨いた、真鍮製のコーヒーミル。店頭で使い心地を確かめられるようにと、お試し用の豆も用意されている／2. 各国の骨董市などで仕入れた絵と額などを組み合わせて制作／3. 中央で静かな佇まいを見せる、ペリカンのベークライト製ケース。紙の繊維を固めて作ったケース・パピエマシェの化粧パウダーケースには今も当時の香りがほんのり残る／4. 上品な中にも遊び心あるデザインのカップ&ソーサーやアール・デコ時代のボンボンケース。ジュエリーや工業製品に使われた樹脂・ベークライト製の雑貨も並ぶ

CHUO LINE

№ 2

MAP 3-B

【吉祥寺 | KICHIJOJI】

atelier coin

2009年に店舗をオープンし、2015年に現在の中道通り商店街に移転。重力で動く原始的な仕組みの時計から電池で動く時計まで、時計の歴史をたどれるような作品が並ぶ

古いものへの憧れが時を刻む原動力

「アンティークを新しく作ることはできない。でも、長く使うことで味わいを深めていく、ジーンズのような時計を作りたかったんです」。手作り時計作家の大護慎太郎さんは、ヨーロッパの童話に出てくる小さな工房のような店内で、不思議な時計の数々を見つめながら話します。壁を覆うのは、旧ソ連やドイツなどの古時計のパーツを組みあわせ、大護さんが新しく息を吹き込んだ掛け時計。プラスチック、紙、金属など異なる素材の文字盤にさまざまな書体の文字が躍り、盤のカッティングが微妙に傾いたものも。そんな大らかさと対照的に、同店の手作り時計は、パーツのひとつひとつに至るまで趣向が凝らされています。アクセサリーに使われるシルバーや真鍮などを使用し、古い革を切り出して作ったバンドを組み合わせ、店内のアトリエですべて手作業で組み上げていきます。めっきで仕上げる現代の時計が素材本来の色を閉じ込めてしまうのに対して、年を経るごとに経年変化という魅力を纏う、生けるアンティークともいえる作品です。

1.

2.

数千年に渡り時計が歩んだ過去とまだ見ぬ未来に思いを馳せる

こうして丁寧に作られる時計の隣に、無造作に古物が並ぶのも、同店の面白いところ。台湾の金物屋をまわって見つけたという古いネジのほか、ウクライナの出土品など、今から200年ほど時をさかのぼるものも置かれています。こうしたパーツはそのまま販売するだけでなく、置き時計などの作品を彩る素材にもなっているそう。歯車などの古い時計のパーツも、単体として魅力があるものばかりです。小さな時計部品や歯車、文字盤などは、ミニチュア作家やカメラマンなどのクリエイターがよく求めていくとか。身近な道具である時計が分解されることで、かえってものとしての力強さを感じさせます。

「時計は棒を地面に刺して使った日時計に始まり、人類の歴史と共に、その動力が水や火、電気と移り変わっているんです」。時計には、道具とともに歩んだ人間の歴史が詰まっています。太陽の影を利用した日時計が生まれたのは、今から数千年前のこと。未来の時計は、今の私たちには考えもつかない動力で、時を刻んでゆくのかもしれません。慌ただしい毎日を脇において、時間について、そして人間とともに歩んだものの歴史について、ちょっと立ち止まって考えてみたくなる場所です。

4.

3.

6.

5.

atelier coin
（アトリエ コワン）

東京都武蔵野市吉祥寺本町4-13-15／☎0422-77-0086／13:00-19:00／火・水曜日休／JR中央線・井の頭線吉祥寺駅より徒歩約10分／http://www.joieinfiniedesign.com

1.古材を切り出しヨーロッパの時計塔を模した置き時計。オリジナルブランド「JOIE INFINIE DESIGN」の腕時計と共に／ 2.文字盤や歯車、古物が並ぶと、手芸のパーツのよう／ 3.ソ連などの古い文字盤を使った掛け時計。軽量で小さなピンでも留められる／ 4.時計と同じパーツや素材を使ったアクセサリーも時とともに風合いを増す／ 5.美しいディスプレイに時を忘れる／ 6.ハモニカ横丁内にあった「歌川模型」の歯車を用いて鋳造したパーツを使ったペンダント。ほぼ同一のものをいくつも生み出せるのは金属ならではの面白さだ

CHUO LINE

№ 3

MAP 4-B

【西荻窪 | NISHIOGIKUBO】

FALL

メキシコの教会で売られている、手の爪ほどの小さな金属製のお守り「ミラグロ」。体の具合の悪い部分や悩みを表したモチーフのものを持つと、悩みが消え願いが叶うという

絶え間なく形を変え続ける雑貨店

正統派のアンティークと言える100年以上前のフランスのグラスがあったかと思えば、その背後には「潰れた事務所の前に置いてあった、テンプレートで書いたんです」という値札の付いたメキシコのお守りが。ここは「アンティークショップ」だという人もいれば、「雑貨屋さん」と捉える人も。そして「雑貨もやっているイベントスペース」と認識している人もいることでしょう。国も時代も異なり、そもそも元が何なのかもわからないアイテムも並ぶ店内をめぐると、必ず、何か心に引っかかるものが見つかります。

少し経ってまた店を訪れると、店内の様子が大きく変わっていることも。でも、買い物を終えた帰り道、面白いところだったな、という気持ちが残ることだけはいつも変わりません。店主の三品輝起さんが「どんどん、ずれていく店を目指している」という同店は、掴もうとすればするりと手の中から抜けていくような、不思議な場所です。店内を歩いている間にも、また変化を始めているのでは？ そんな気持ちにもさせられます。

1.

2.

行けばいつも「何かがある」と思わせてくれる場所

2005年に西荻窪にオープンし、築80年のこの建物に移転して営業を続ける同店。大きな棚を占める作家ものの器やアンティーク食器、週ごとに訪れる作家の展示作品など、店内に並ぶものの幅広さゆえ、さまざまなものを求める人が訪れます。

「あんまりうちの店の全体を愛する人はいないと思います。お客さんはそれぞれの好きなものを目指していて、全く違う壷にはあまり行かない」三品さんはこの店のそんなあり方を捉えて「蛸壷」だと表現しますが、一つの店にさまざまな趣味を持つ人が集まること自体が、この店の形に影響を与えています。

「古いものも新しいものも、雑貨にくくられてしまえば、同じだと思うんですよね。ものの年代もあまり気にしていません」。その言葉を象徴するかのように、100年以上前のフランスで作られた貴重なグラスが、店頭ではカトラリー立てとしてひっそりと使われていました。投げやりに扱われているのではなく、かえってお互いの存在が引き立ってくるようにも見え、ものがより、いとおしく映ります。「長くやっていると対象が狭くなっていくけれど、そこからずれていろんな方向に行きたいんです。なるべく違和感がある、よくわからない店と思ってもらえれば」。

4.

3.

6.

5.

FALL
（フォール）

🏠東京都杉並区西荻北 3-13-15 1F ／☎ 03-5856-0522 ／🕒12:00-20:00 ／月・火曜日休／🚃JR中央・総武線西荻窪駅より徒歩約 3 分／ http://fall-gallery.com

1. アンティーク感あるパッケージに包まれた石鹸など、香りのアイテムは定番品のひとつ／ 2. 陶芸家・工藤冬里さんの手による器／ 3. 店内に溶け込みながらも目を引く、アメリカの帆船の模型。硬い表情が独特の味として映る炭坑夫の人形が小さな物語を作る／ 4.「日本人とレトロの感覚が違うのか、リニューアルするごとにダサくなる」といとおしそうに評するチェコのペンなど、現行の文房具が豊富／ 5. 木のナイフやスプーンが入っているグラスは、1880 年代～ 1900 年代の貴重なもの／ 6. カメラが普及する以前の、小さな写真

CHUO LINE

№ 4

MAP 4-B

【高円寺 | KOENJI】

ハチマクラ

眺めて楽しむものだけでなく、ポストカードやレターセット、紙袋などのように、現代の生活で使えるものも多い。奥にあるドイツの紙袋のざらざらした紙質は、今では失われつつある

わっと声をあげてしまうような、鮮やかな色の千代紙や包装紙が。現代の印刷では使えない色も多いそう。奥の引き出しに保管されているので、声を掛けてみて

紙愛好家の引き出しに迷い込む楽しさ

「小学生の頃、道に落ちている鉄板や錆びた釘を集めたり、千代紙を友達と交換したりするのが好きでした。おばあちゃんのお裁縫箱から、針のパッケージだけ勝手に持って行って怒られたりも」。

そんな少女だったと笑う、店主の小倉さん。グラフィックデザイナーの仕事で参考資料として古い紙素材のものを集めるようになり、一度離れた紙への思いが再燃したのが、この店を始めるきっかけだったそう。店内はまるで、そんな小倉さんの趣味を覗かせる、大きな引き出しのようです。戦前の三越、髙島屋の包装紙や、単色で刷られたハンガリーの切手、ヨーロッパ各国の壁紙など、何に使うでなくとも、うっとり見つめてはため息が出るような魅力的なものばかり。中には、ドイツのインフレ時の緊急通貨や約100年前のフランスの少女雑誌など、とても貴重なものも潜んでいます。子どもの頃にこんなお店があったなら、1000円札を握りしめて何度も友達と一緒に駆け込んだろうなあと思わずにいられません。

普段は気にもとめない身近な紙に美しさや面白さが生きている

1.

「昔のデザインは本当に自由なんですよ。こういう紙を見ていると、今みたいに会社のロゴマークを必ず入れるとか、守らなければいけない条件が少なかったのがわかります。規格も色もバラバラだったりして、楽しい気持ちになるんです」。

小倉さんが特に優れたデザインが多いと感じているのは、フランスの印刷物。デザイン、色、書体、すべてが圧倒的な美しさなのだそう。一方で、「ウール コットン シャツ」という商品名を「URU KOTON SHATSU」と表記した戦前の日本のシャツ袋など、思わず吹き出してしまうような大らかな表現も。カミソリ刃の包み紙や、未使用の飴紙、牛乳瓶の蓋を覆った紙など、普通に生活していたら捨てられ、忘れ去られていくようなものの中にも、小さな美が宿っています。

ところが、こうした魅力的な紙は、市場からどんどん減っているそう。色、デザイン、そして手触りやにおいに至るまで魅力を放つ小倉さんのコレクションは、店に長く留まることなく、どんどんお客さんの手に旅立っていきます。過去どんなにたくさん作られた紙製品だとしても、目の前にあるものが、世界で最後の1枚かもしれない。そんな思いが、1枚1枚をよりいとおしく輝かせます。

3.

2.

5.

4.

ハチマクラ

（はちまくら）

🏠東京都杉並区高円寺南3-59-4／☎03-3317-7789／🕒13:00-20:00頃 日・祝13:00-19:00頃／月・火曜日休／🚃JR中央・総武線高円寺駅より徒歩約５分／http://hachimakura.com

1. アイスの紙製パッケージや紙箱などの立体物のほか、温泉街にあるようなとぼけたみやげ物やドイツのグラスなどの小物もあちこちに／2. アイボリー＆ブラウンのかわいい店舗はお菓子屋さんのような雰囲気。実は大正時代に建てられた建築物なのだそう／3. ヨーロッパの文具店のような店内には、インドのご祝儀袋などアジアの紙ものも／4. いろいろコラージュしてみたくなる、イギリスのバスチケット／5. 久々に見かけて入荷したという貴重なパラピン千代紙や、昭和のおもちゃのお金など。小さなものも一品ずつ丁寧にビニールで包まれている

CHUO LINE

№ 5

MAP 4-B

【西荻窪 | NISHIOGIKUBO】

Boîte

カフェオレボウル作りのさかんなフランス東部のアルザス地方では、かつて800人ほどの職人が腕を振るったそう。今では数十人の職人がその技を現代に伝えているという

パリの人々が愛する「今」と「昔」をセレクト

フランス語で「箱」を意味するBoîte。ブログ『パリときどきバブー』で知られるパリ在住のフォトエッセイスト／ヘアメイク・とのまりこさんが、パリの日常を切り取るようにセレクトしたアイテムが並びます。和の骨董店やシックな雰囲気のアンティークショップが多い西荻窪ですが、カラフルなマルシェ箱やホーロー製のキッチンツールが並ぶ同店のひときわ明るい色合いに、道行く人が足を止めることもしばしば。

ガラス戸を開けるとまず目を引かれるのが、店の奥にズラリと並ぶ、ヴィンテージのカフェオレボウルコレクション。パステルカラーに彩られたボウルの壁の愛らしさに、思わず声を上げてしまいます。日本人にとっては現代的に見える模様が、数世紀にわたり受け継がれているものであることも珍しくないのだそう。フランスには、カフェオレにパンをひたして食べる文化があり、カフェオレボウルは日本人が思う以上に身近な存在です。バゲットだけでなく、デニッシュなどの甘いパンをひたして食べることもあるとか。

いつもの暮らしが見違えるようなヒントがいっぱい詰まった宝箱

1.

2.

3.

4.

高い天井を持つ店内を見渡すと、柔らかな色合いの食器が並んでいます。1950～70年代のブロカントが中心で、生活に気軽に取り入れられているものがほとんど。「パリにいると、違う柄のお皿を同じ食卓で囲む光景をよく目にします」。同じ柄を複数揃えることが難しいアンティーク食器は、家族で日常使いをすることをためらってしまいがちですが、こんな一言に、ふっと自由が広がります。

とっておきの1日に身につけたいアクセサリーは、現代のパリジェンヌに人気のブランドをピックアップ。モナコの職人がひとつひとつ手作りするブランド「Miss Bibi」は、ピノキオやシャンデリア、ハイヒールなどのユニークなモチーフと上品な仕上げが持ち味です。また、フルーツや野菜の鮮やかなプリントが映える素朴なマルシェ袋や、いつもの八百屋やパン屋での買い物に持って行けるマルシェかごなど、日常に華を添えるアイテムも魅力的。店内のカフェでは、店主やお客さんとの何気ない会話から、生活を楽しくするヒントが聞けるかも。今と昔を行き来するフランスの人々の、リアルな生活を肌で感じられるお店です。

6.

5.

Boîte
(ぼわっと)

東京都杉並区西荻北4-5-24 1F ／☎03-6762-7500 ／ 11:00-20:00（4～7月 変則営業のためInstagram要確認）／火曜日休／JR中央・総武線西荻窪駅より徒歩約８分／ https://www.instagram.com/boite.tv/

1. フランスの市場で使われている色とりどりのマルシェ袋。ちょっとしたお裾分けにも役立ちそう／ 2. 人気のマルシェかご。置いたとき自立するしっかりした作りが頼もしい／ 3. 赤と青の格子は、近年フランス好きの間で注目されているバスク地方の伝統柄／ 4. 店内併設のカフェスペース。カフェオレやワインなどを飲みながら過ごせる／ 5. 金属の素朴な風合いがいとおしいブロカントの調理器具も豊富／ 6.「Miss Bibi」のピアス。ピノキオの鼻をゼンマイに見立てたようなデザインが愛らしい。繊細ながらも遊び心のあるアイテムが揃う

CHUO LINE

№ 6

MAP 4-B

【西荻窪 | NISHIOGIKUBO】

Northwest-antiques

木製家具は、イギリスやアメリカのものが中心。椅子の代名詞ともいえるウィンザーチェアを積極的に仕入れるほか、ダイニングテーブルなどオーソドックスなものが揃う

アルミの大型トランクなど、存在感のある男性的な金属製アイテムが豊富。男前なアンティークスタイルに欠かせない金属製の扇風機が入ってくることも多く、狙い目だ

脈々と受け継がれる質実剛健な家具たち

重めの木の質感が活きた木製家具のほか、遊び心を感じさせるアイアン素材のチェストなど、男性的な重みや無骨さのあるアイテムが並ぶ同店。店主の望月拓男さんと平山哲也さんは、昭和57年に西荻窪に創業した和の名骨董店『慈光』から独立したお二人です。『慈光』のリーズナブルさを受け継ぎつつ、店主好みのアメリカンヴィンテージの仕入れを強めたラインナップは、王道のようでありながら、この街では貴重な存在。「うちは本当にアンティークの入口です」と望月さんが話すように、1万円前後から買える椅子やチェストなど、現代の新品と大きく変わらない価格のアンティーク家具が豊富です。常に商品が入れ替わり、生まれ変わっているように見える店内ですが、望月さんがそう話すように、実はひとつひとつのアイテムが呼び水になって、自然と同じジャンルのアイテムが少しずつ入ってくるのだとか。イギリスの質実剛健な木製テーブルや、遊び心のあるアメリカンのアイアンチェストが、見晴らしのいい店内にずらりと並んでいます。

訪れるたび、印象を変える店内に 毎日使える「本物」が集う

1.

2.

この街を長く見つめてきた望月さんは、西荻窪の街が徐々に変わり始めているのを感じています。「以前に比べるとアンティークショップが減った代わりに、小さな個人店やおしゃれな飲食店が増えてきているんです。そうやって街が少しずつ変わっても、十数年前に『慈光』を訪れてくれていた方が、西荻窪の街を思い出して、また訪ねてくださるのが嬉しくて」。

同店の店名は、そんな西荻窪の街を表しているのかと尋ねると、平山さんから意外な答えが。「アメリカのワークブーツブランド『ホワイツ』の中にある、『ノースウェスト』というモデルが由来です。最高峰のワークブーツブランドの中で、普段履き用として作られたこの靴のように、本物と呼ばれる古い物を日常的に使っていただけたら、という意味も込めています」。最近では、引き取ってほしいアイテムがあり、画像検索をした結果、同店にたどり着いたという人もいたのだとか。街そのものだけでなく、アンティーク街の歩き方さえも、新たな形に変わりつつあるようです。そんな時代にも、単に昔のデザインを模倣したものではなく、現代の家具の源流となる本物に触れてほしい。店名には、お二人のそんな願いが込められています。

4.

3.

6.

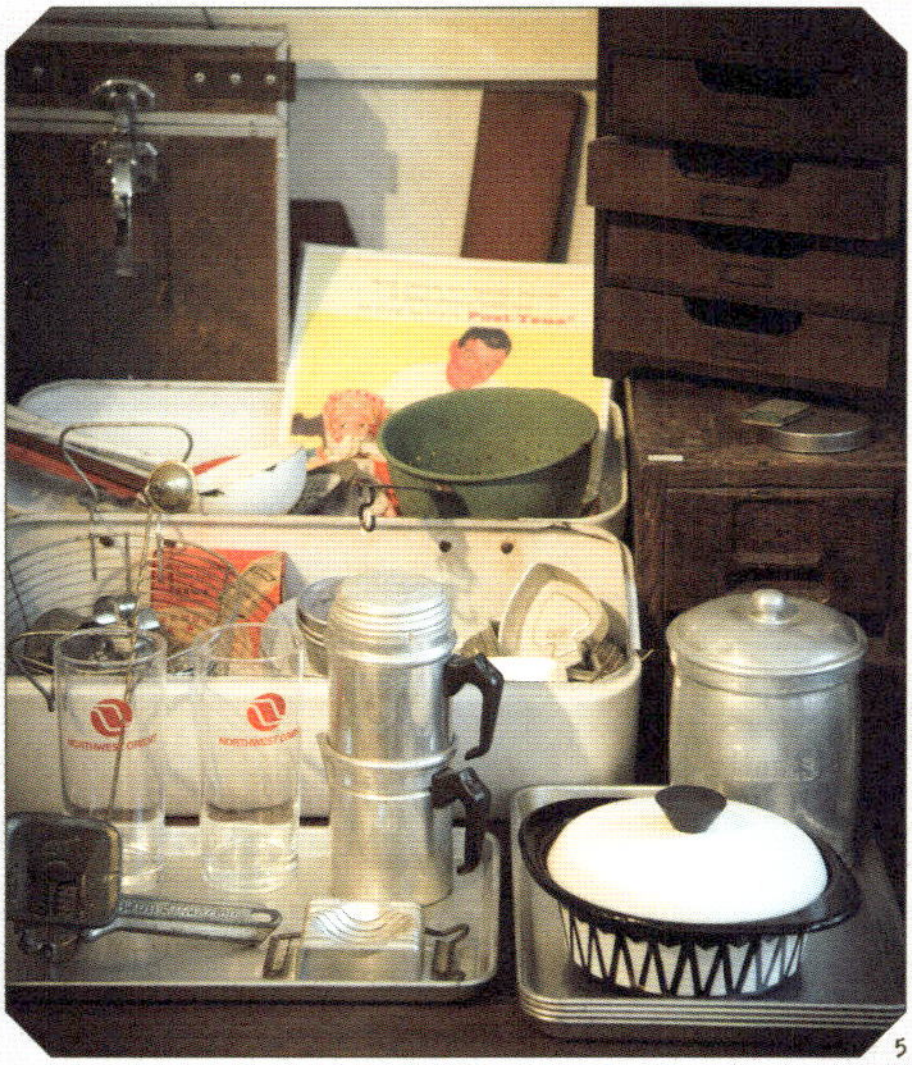

5.

Northwest-antiques
（ノースウエスト アンティークス）

東京都杉並区西荻北4-18-6／☎03-3396-2040／⏰11:00-18:00／水曜日休／JR中央・総武線西荻窪駅より徒歩約10分／
http://northwest-antiques.com

1.病院で使われた小瓶やガラスの乳鉢、ハサミなど。薬関係のメーカーの名前が書かれた鉛筆も／ 2.アメリカンヴィンテージ系のアイテムがメインだが、タイミングによってラインナップは大幅に変わる／ 3.食材の抜き型。白磁の器やホーローのキッチンツールなど、食周りの小物も揃う／ 4.リフェクトリーテーブルと呼ばれる、大型のダイニングテーブル／ 5.アメリカ映画に出てきそうな、ポップな印象のキッチンツール。店内にはお客さんが委ねていった車のポスターも／ 6.使い込まれたアイアンの質感が美しい、イギリスの手動ドリル

CHUO LINE

№ 7

MAP 4-B

【西荻窪 | NISHIOGIKUBO】

MOKUTATE
駱駝

家具の修理や建具の製作、取り付けを行う山本さんと、サンドブラストなどのガラス加工を行う宮崎泉さん、そしてこの技術を次の世代に伝える若き穴蔵紘之さんが店を担う

失われゆく日本家屋の美を伝え続ける

木漏れ日のように優しく光を通す緑の色ガラスの下に、赤、青、紫の切子グラスがずらり。奥に広がる工房らしき風景に、入るのをためらっていると、「どうぞ、何かお探しですか」とあたたかい声が。その言葉にホッとして足を踏み入れれば、天井には戦前の映画で見たようなガラスのペンダントライトがいくつも並び、さまざまなデザインの建具が立てかけられています。「よく、店らしくないって言われるんですよ」。数年間から前を通ってはずっと気になっていたことを告げると、店主の山本利幸さんは笑いました。

ガラス製品と照明、建具などを扱うこの店が生まれたのは、昭和61年のこと。「ステンドグラスの教室と、趣味で扱っていた古物がスタートです。店を離れてステンドグラスを製作する仕事で開店できない日が続いたので、今はステンドグラスの製作から離れ、建具や家具の販売や手直しを生業にしています」。ゆっくりと紡ぎ出される言葉を聞いているだけで、不思議と山本さんが手掛ける建物の美しさまでも浮かんできます。

1.

2.

窓から差す緑の光が素材の陰影を映し ヨーロッパと日本の暮らしがリンクする

和のリフォームも行う同店には、さまざまなお客さんが訪れます。古民家を再生した店舗を作りたいと考えている人、大手ハウスメーカーで家を建てたけれど、建具だけは個性的なものを選びたいという人。「古い家を壊したけれど長く親しんだ建具を捨てるのはかわいそう、という方に、古い建具のリメイクをすることもよくあります。ビーズと竹で涼しさを表現したりすることも。家族構成や趣味、間取りを見て目線に応じた建具をご提案することも大切です」。

家の仕組みと人の目線を共に知るからこそ大切にしているのは、ものを単体で見るのではなく、日本の家に置いたときにどう見えるのかということ。「日本家屋にステンドグラスのフレームの鉛色を合わせることにどうしても納得がいかなくて、鉛の代わりに木とガラスを組み合わせた建具を作っています。緑の色ガラスをよく使うのは、日本の夏の強い光が西洋の赤や青のガラスに当たると、けばけばしい光になってしまうから。木漏れ日のように見えるグリーンは、顔に当たっても自然に見える色なんです」。大正期に流行した日本家屋と西洋のインテリアの融合を受け継ぎ、日本の風土によりフィットさせる試みに、職人の魂が宿ります。

4.

3.

AREA 中央線

6.

5.

MOKUTATE 駱駝
（もくたて らくだ）

東京都杉並区西荻北4-35-8／03-3397-8737／12:00 - 19:00／水曜日休／JR中央・総武線西荻窪駅より徒歩約10分／https://www.nishiogi-rakuda.com

1. 1階の風景。2階ではさらに多くのアイテムが見られる／ 2. 不思議な緑の輝きを見せるウランガラス製品。異なる次元からやってきたようなその色は「新青」と呼ばれたという／ 3. 同店で扱う切子は、シャープな幾何学模様が施されたアール・デコ調のものが中心／ 4. サンドブラストで仕上げられた建具の曇りガラス。矢羽根などの古典柄に、花柄や幾何学模様のような新しい独自の柄を組み合わせて／ 5. 面取りされた色ガラスの面積や厚みなどから、製作年代がわかるという。手前は大正末期、奥は昭和10年代頃のものと推定される／ 6. 照明器具は戦前の国産品をセレクト。建具は壁に立てかけるだけでも美しい

CHUO LINE

№ 8

MAP 4-B

【西荻窪 | NISHIOGIKUBO】

ひぐらし古具店

木製のアンティークチェアの中では、イギリスの老舗家具メーカー「アーコール」の製品を積極的に仕入れている。こちらはほのかな飴色が美しい、エルム材（ニレの木）のもの

一見ヨーロッパ風の昭和の食器棚に、イギリスの蚤の市で買ってきた雑貨が並ぶ。ランプシェードや巻き尺、ガラス瓶など実用品として使われていたものが多い

ものがあふれる時代のシンプルなヴィンテージ

自宅のインテリアをカフェのようにしたい。そんな気持ちに応えてくれるのが「ひぐらし古具店」です。アンティークショップや喫茶店が並ぶ西荻窪を散歩していると現れる同店では、頭がすっぽり収まってしまうようなホーロー製のランプシェードや、無骨でありながらも柔らかな雰囲気のテーブル&チェアなど、1950〜70年代を中心としたヴィンテージ家具が並びます。

同店がオープンする前から、よく西荻窪のアンティークショップを巡っていたというスタッフの女性。「最近は装飾を抑えたシンプルなインダストリアルデザインを取り入れたカフェが増えています。最近はリプロダクト品も多くなっていますが、そうした工業デザインの原型にあたる、ミッドセンチュリー時代の古くてよいものが、ラインナップの中心です」。

洗練された飾り気のないデザインのものを中心に揃える同店には、雑誌で見たバウハウスなどのフレーズに反応した若いお客さんも多く訪れているのだそう。

1.

2.

シンプルなヴィンテージの魅力が ものがあふれる時代を整える

「西荻窪には目の肥えた本物志向の方が多いと感じています」と話すスタッフの彼女に、洗練されたカフェのような雰囲気を自宅で実現するためのアドバイスを聞きました。「手軽に買える家具でまず選ぶなら、椅子でしょうか。アンティークと新品を組み合わせたり、背もたれのある椅子とスツールを一緒に並べたり、同じデザインのものが揃わなくても素敵。ひとつアンティークが入るだけで、部屋に遊び心が生まれます」。

家具だけでなく、ＤＩＹグッズももうひとつの柱です。フックやドアノブなどのパーツは、現行品とヴィンテージの両方が揃い、ドアや建材も仕入れているそう。ドアを背の低い家具などで固定すれば、壁に釘を打てない賃貸住宅でもそこにフックやネジ止めの金具を取り付けることができます。ほかにも、備え付けのシーリングライトを外してヴィンテージのペンダントライトを付けたり、生活感のあるものをブリキの道具入れで目隠ししたりと、ヒントがいっぱい。雑多なリビングをすっきりまとめ、コーヒーの時間に没頭できる部屋を作れるアイテムが揃っています。ドイツでは日本以上に盛んだというＤＩＹの精神ごと、日常に取り入れてみてください。

4.

3.

6.

5.

ひぐらし古具店

（ひぐらしふるぐてん）

東京都杉並区松庵3-37-21 1F／☎03-5941-3642／🕒12:30-19:00／月～水曜日休（不定休あり）／🚃JR中央・総武線西荻窪駅より徒歩2分／http://higurashi.shop-pro.jp

1. ドイツの工場や公共施設などで使われていた、直径40cm超の文字盤を持つ壁掛け時計。部屋の主役を成すインパクト／ **2.** ドイツの代表的なメーカー「Lipa」のランプシェード。スイッチプレートなど照明関連の現行品も豊富／ **3.** 現行品のブリキボックス。食卓に安心して使えるミツロウやレモンオイルを入れて／ **4.** パイン材のヴィンテージドアは5万円台が中心／ **5.** ドイツのホームセンター「バウハウス」のオリジナル製品。おもちゃのような水平器のデザインに惹かれる／ **6.** 真鍮や青銅のアンティークドアノブや各種ハンドル。イギリスのものが中心

CHUO LINE

№ 9

MAP 4-B

【高円寺 | KOENJI】

malto

2階の風景より。随所に置かれている、フレームに真鍮を使ったガラスケースやガラスドームの中には、キノコのオブジェやアンティークボタンが宝飾品のように飾られている

童話の世界を想像させるウサギの時計や、イギリスの貴族が愛したイヌモチーフの飾りなど、動物モチーフも多い。店主の前川さんの好みでもあり力を入れて買い付けているそう

童話のような物語の世界に迷い込む

古着屋が並ぶゆるやかな坂道に現れる「malto」。2階の窓から緑が生い茂り、街に溶け込みながらもどこか不思議な存在感を放ちます。グリム童話の世界をイメージし、1910年築の長屋を改装した同店にはヨーロッパの古道具が所狭しと並び、まるで童話の主人公の隠れ家に迷い込んだような気分に。

アンティーク風の現行品が並ぶ1階と、店主の前川祥子さんがイギリスやフランスで買い付けた品々が並ぶ2階は、ロマンティックな階段でゆるやかにつながっています。美濃焼や沖縄の『やちむん』など、日本の作家ものの器もアクセントを添える一品です。ひときわ目立つ2階窓辺の一角には、書斎風のデスクが。琥珀色に光る19世紀の椅子や、海の向こうで歴史を刻んだタイプライターに、天窓から優しい光が降り注ぎます。店内のあちこちに積まれた古書も、童話の世界に誘うアイテムのひとつ。18世紀後期〜19世紀半ばの貴重なものが多く、東京随一の本の街・神保町に通うお客さんも驚くとか。

1.

森から現れた二階建ての建物は〝不思議の国の雑貨店〟

古い船材を使った家具から小さなDIYパーツまで揃う、幅広いラインナップも同店の魅力。イングランド南部の港町・ブライトンのアンティークショップやフランスの蚤の市のほか、家具パーツなどの買い付けではインドネシアまで足を運ぶこともあるそうですが、さまざまなテイストのアイテムが「童話」というキーワードのもと、ノスタルジックなトーンでまとめられています。

「海外では蚤の市だけでなく、なんてことはない街のリサイクルショップにもアンティーク品があって、ガラクタと一緒に無造作に置かれていることもあるんですよ」と前川さんは話します。

前川さんがこの店を始めたきっかけは、19世紀頃の椅子など、ヴィクトリアンスタイルの家具だったそう。同時代を代表するバルーンバックチェアは、背もたれが気球のようにふくらんだシルエットが美しく、エレガントながらどこか毒気も交えた遊び心あふれる店内で凛とした姿を見せています。正統派のアンティーク家具と、不思議な雑貨が溶け合う空間は、夢と現実の狭間のよう。いつか夢で見た世界を、自宅のリビングや寝室で再現してみたくなるはずです。

3.

2.

5.

4

malto
(マルト)

🏠東京都杉並区高円寺2-20-17／☎03-3318-7711／🕒11:00-20:00／定休日なし／🚉東京メトロ丸ノ内線新高円寺駅より徒歩約4分、JR中央・総武線高円寺駅より徒歩約10分／ http://www.salhouse.com

1.生活シーンをそのまま切り取ったようなディスプレイは、幻想的かつ再現性が高い。キッチン用品やDIYパーツ、ガーデニンググッズなど、日常のさまざまな場面をアンティークで彩るアイテムが揃う／ 2.1000円程度から揃うカップ&ソーサーのほか、シルバープレートの食器も得意とするところ／ 3.アンティークテイストの食器やキッチン用品が充実／ 4.春には蝶も舞うという、緑あふれる店舗／ 5.引き出しの取っ手や金属製のフックなどのDIYパーツのほか、額縁などのデコレーションアイテムも取り揃えている

SHOP DATA

東京都杉並区阿佐谷北2-9-5／03-3336-6414／12:00-18:00（レコードタイム）、18:00～演目により変わる（ライブタイム）／火曜日休／JR中央・総武線阿佐ヶ谷駅より徒歩約5分

中央線エリア・阿佐ヶ谷

名曲喫茶 ヴィオロン

（めいきょくきっさ ゔぃおろん）

よりみち喫茶店 №01

MAP 4-B

1.

厳かなホールで楽しむ1杯に注がれる音楽への愛

ウィーンの名ホール「ムジーク・フェラインザール」を再現した店内に、クラシックの調べが満ちる……。同店は、高円寺『ルネッサンス』、国分寺『でんえん』と共に、中野にあった名喫茶『クラシック』の遺志を引き継ぐ喫茶店のひとつです。マスターの寺元健治さんは『クラシック』の音響設備を手掛けた人物。多くの先輩の言葉を胸に、ヨーロッパの名ホールをまわり、耳を鍛えたといいます。本格的な音の響きを提供する一方で、一度注文すると当日出入り自由、食べ物の持ち込みも可というユニークなサービスを続けるのも中野『クラシック』の影響だそう。ぜひ訪れたいのが、第3日曜日の蓄音機コンサート。「レコードは針をきちんと替えて大切に聴けば、聞き潰すことはない」と話すマスターの言葉を裏付けるかのように、時代を超えた音が店内を満たします。

2.

3.

1.『クラシック』『でんえん』『ヴィオロン』のマッチとともに。香ばしいコーヒー450円にはミルクかブランデーが添えられる。ラスク250円／2. マスターがヨーロッパの骨董市で集めたアンティーク品が並ぶ／3. 店内のアンプの真空管は、マスターが自作したものを使用

SHOP DATA
東京都杉並区高円寺南3-57-6 2F／☎03-3312-7941／平日13:30-22:30・土日祝 12:00-22:30／月曜日休（祝日の場合は翌火曜日）／JR中央・総武線高円寺駅より徒歩約5分

中央線エリア・高円寺

アール座読書館

（あーるざどくしょかん）

よりみち喫茶店 №02

MAP 4-B

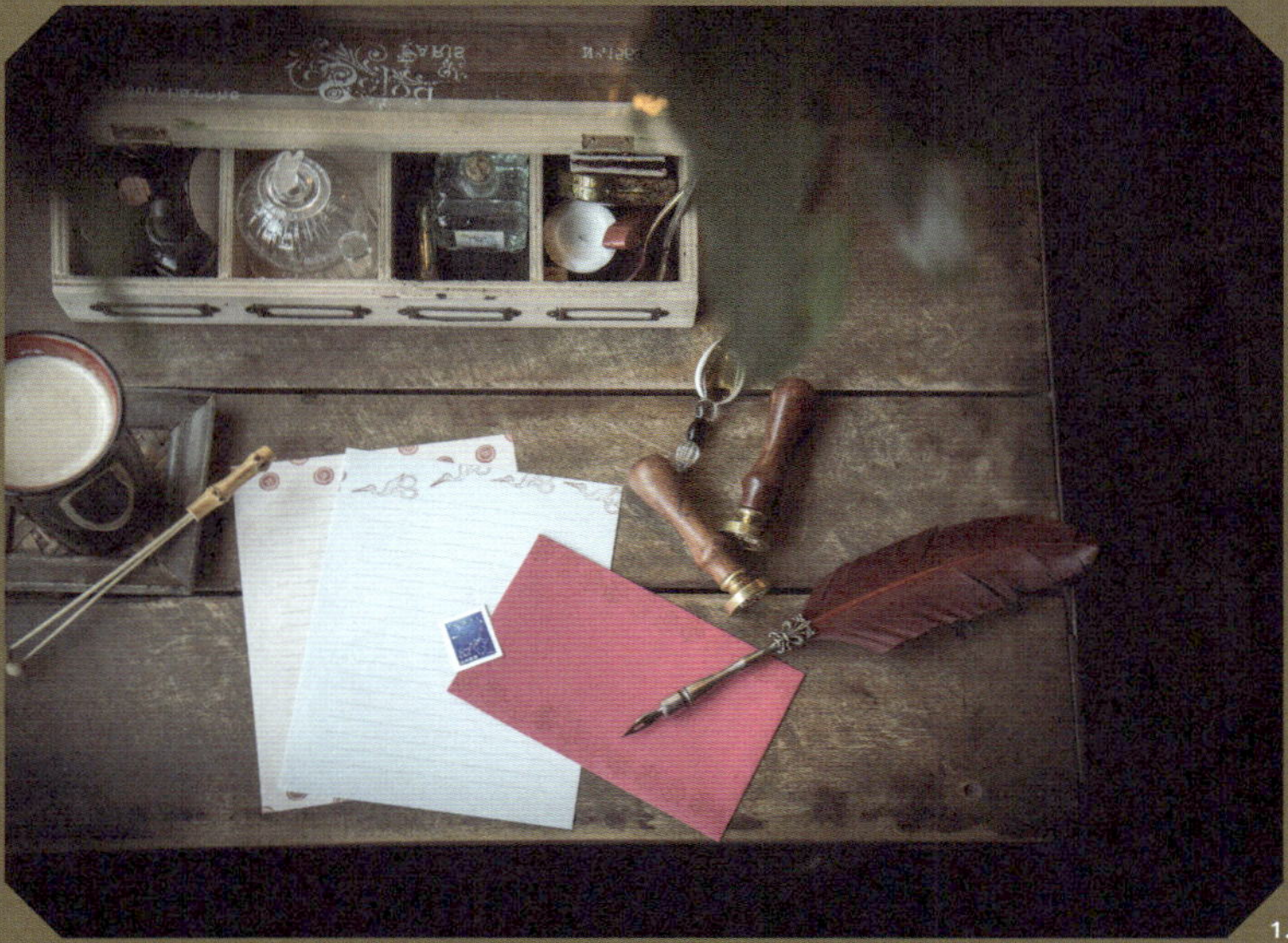

1.

静寂の中で自分に向き合う都会の秘密の喫茶室

2.

3.

緑あふれる店内には、音楽がごく小さな音量でゆったりと流れ、あとは珈琲を淹れる音や、本をめくる音が静かに漂うだけ。ここは、会話をせず、静寂を楽しむために作られた喫茶店です。「目の前のことだけに意識を向け、感覚が開かれるように」と、ドリンクは深い味わいや華やかな香りにハッとするものばかり。「全てを忘れて過ごす時間はなかなか持てないからこそ、そんな時間を過ごせる場所を作りたかったんです」と店主の渡邊太紀さんは話します。普段伝えられない思いをゆっくり手紙にしたためる人もいれば、水槽を眺めてぼーっと過ごしたり、編み物をする人もいるそう。1人でゆったり過ごすのはもちろん、おすすめなのは、大切な人とともに訪れること。目線やしぐさだけで交わす会話に、相手の意外な一面が垣間見えるかもしれません。

1. 引き出しの中には、光る鉱石や、訪れた人が思いを綴るノートなども。お手紙セット（1100円・ドリンク付）／2. 椅子や机はひとつひとつ異なり、座る席によってまったく違う表情を見せる／3. 宮沢賢治の童話『黄いろのトマト』に登場する古い博物館をイメージした店内

SMALL ANTIQUES & COFFEE SHOPS IN TOKYO

＊＊＊

まだまだ旅はつづきます。

SMALL ANTIQUES & COFFEE SHOPS IN TOKYO

AREA 2

SHIBUYA・MEGURO SETAGAYA・SHINAGAWA

EBISU・DAIKANYAMA・YOYOGI-KOEN・MEGURO・SANGEN-JAYA・SHIMOKITAZAWA・NISHIKOYAMA

渋谷・目黒・世田谷・品川

恵比寿・代官山・代々木公園・目黒・三軒茶屋・下北沢・西小山

SHIBUYA・MEGURO・SETAGAYA・SHINAGAWA

№ 10

MAP 5-C

【目黒 | MEGURO】

POINT No.39 & POINT No.38

店内奥にある「SUNAO COFFE」。華やかな香りのエチオピア（Sサイズ350円～）などのコーヒーや、ドーナツ、マフィンなどを揃える。16時までの営業

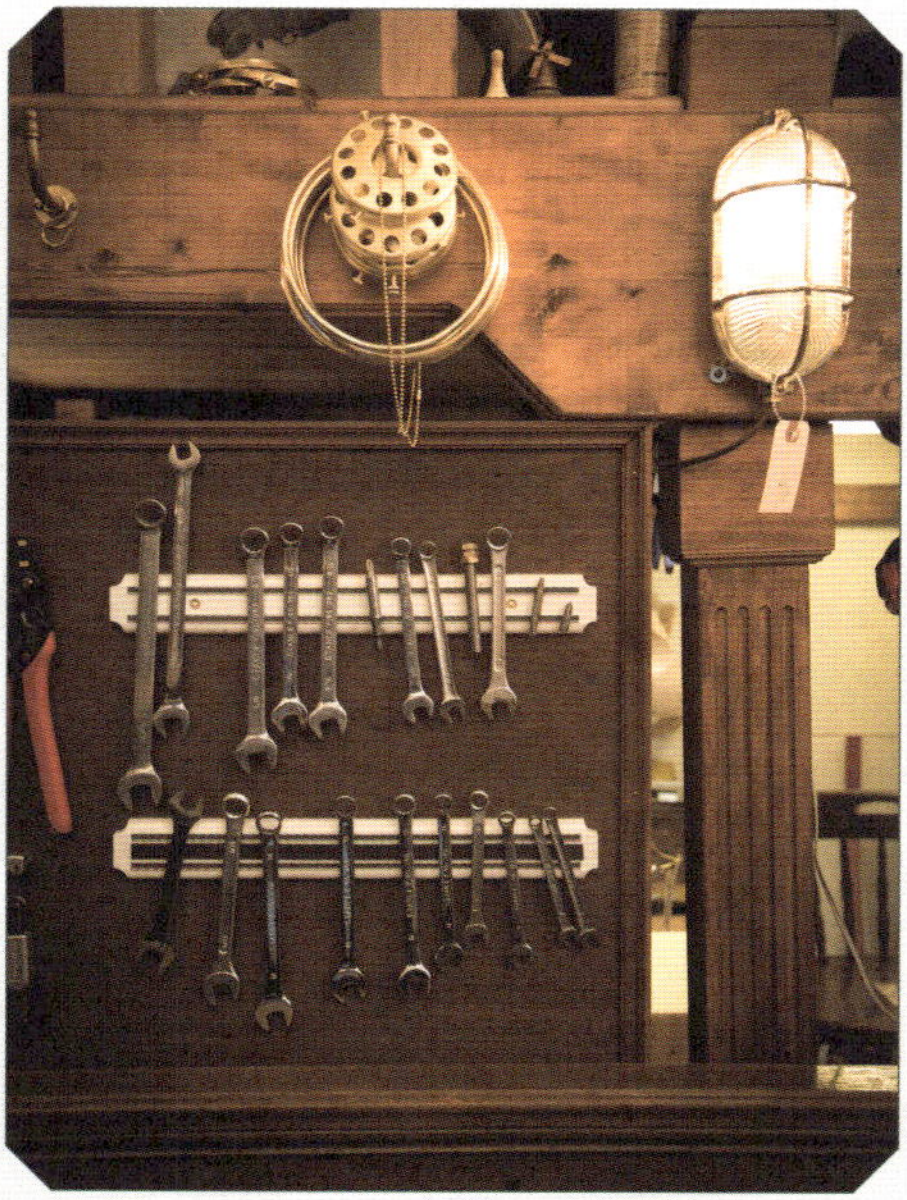

店内の1/3ほどを占める工房のカッコよさにも惹かれてしまう。フランス・プジョー社をはじめとしたヴィンテージ自転車のメンテナンスを実施。上には家具や小物が並ぶ中二階が

ハリウッド映画の様な灯りに誘われて

目黒駅の西に伸びる目黒通りは、日本屈指のインテリア街。飲食店が建ち並ぶ権之助坂を下りのんびり歩いていくと、現代のインテリアアイテムからアンティーク家具まで、幅広いジャンルを扱うインテリアショップが次から次へと現れます。「POINT No.39」の窓から漏れる柔らかな光に誘われるようにしてドアを開けると、頭上で輝くたくさんの照明とずっしりと存在感のある木製家具に迎えられます。それはまるで、黎明期から黄金期にかけてのハリウッド映画の世界。

20世紀前半アメリカ西海岸の照明器具や家具に魅せられた店主・杉村聡さんがオープンした同店は、ヴィンテージ自転車の修理・販売からスタートし、家具や照明器具を揃えています。店内には「SUNAO COFFEE」を併設、同店のテーブルや椅子でくつろぎながら、ハンドドリップのコーヒーとともにゆったり時を過ごせます。店頭に並ぶだけではイメージしづらい家具も、コーヒーを介することで、日常のシーンに落とし込んで感じることができる空間です。

1.

良きものを追求することで生まれた古きを伝え新しい物を生み出すスタイル

「POINT No.39」から歩いて5分ほどの「POINT No.38」は、ヴィンテージ家具も取り扱う照明専門店です。1920年代のニューヨークの路地裏にあるアンティークショップをイメージした店内にはいくつものランプが吊るされ、一般家庭とはかけ離れた空間のはずなのに、不思議とそのまま住みたくなるような落ち着きをたたえています。

洗練された無骨、とでもいうべき同店の中心を成すのは、アメリカの古いデザインを現代のインテリアにフィットさせた、オリジナルの照明です。アメリカの電気店を回りパーツを集め、準備だけで約2年かかったそう。

「1980年代半ば以降、物作りが一気にコスト重視へ傾きますが、その前にはいいものを競い合うように作った時代がありました。昔は鉄のパーツの錆び方もいいし、加工のしやすさよりも丈夫さを求めた素材選びをしていたから、当時のものが今でも残っている。オリジナルも、後世に残るものを作る気持ちで取り組んでいます」。

20世紀のヴィンテージに負けないものを、21世紀の現代へ。良いものが当たり前にあった最後の時代が、今によみがえろうとしています。

3.

2.

POINT No.39
(ポイント ナンバー サーティナイン)
東京都目黒区下目黒6-1-28／☎03-3716-0640／12:00-20:00／水曜日休／JR山手線ほか目黒駅より徒歩約20分／https://www.p39-clowns.com

POINT No.38
(ポイント ナンバー サーティエイト)
東京都目黒区下目黒4-11-22／☎03-6452-4620／12:00-20:00／水曜日休／JR山手線ほか目黒駅より徒歩約15分

1.古き良きアメリカを彷彿させる「POINT No.38」のショーウィンドウ。内装は、車のエンジンや家具の修理などの経験を持つ店主みずから手掛けた／2.コードの色や長さ、ソケットの素材やオールド加工の有無、電球の形などを自由に組み合わせられるオリジナルのエジソンランプ。オリジナルの照明は、電球そのものの個性が生きるシャープさと、アンティークやヴィンテージの照明にもなじむあたたかみを備えている／3.「おじさんの人形とか、遊び心のある小憎い雑貨も好きでつい仕入れてしまう」と杉村さん。その上には円筒式レコードが

№ 11

MAP 5-C

【代官山 | DAIKANYAMA】

GYPSY ANTIQUES & BROWN ANTIQUES

普段着に合わせやすいものが多く、5000円程度からと気軽に購入できるのも嬉しい。ここから奥のアンティークショップ「BROWN ANTIQUES」へとつながる

ガラスのアクセサリーにも、手作業のカッティングの魅力があふれる。「メッキやガラスの質が優れていた時代のものを揃えています」と「GYPSY ANTIQUES」店主の石川愛さん

宝石と家具に囲まれた小さな空間

小さな白いマンションのドアを開けると、そこは別世界。柔らかな光を放つジュエリーの輝きに誘われるようにして奥に進むと、貴族の邸宅のように重厚で優雅な空間が現れます。ここは、アンティークジュエリーを扱う「GYPSY ANTIQUES」と、イギリスのアンティーク家具や雑貨を扱う「BROWN ANTIQUES」の2店がゆるやかにつながったアンティークショップです。訪れる人をまず迎えるのは、落ち着いたシックな色味のジュエリーやアクセサリーがきらめく「GYPSY ANTIQUES」。大きなガラスケースの中には、19世紀初期から20世紀初期に作られた、イギリスやフランスの宝石類が輝いています。庶民は結婚指輪くらいしか身につけられなかったという時代ゆえに、並ぶのは上流階級の人々でなければ手にすることができなかったものばかり。小さなパーツが連続するデザインでさえも手で作られており、その微妙な違いが重なって、現代のジュエリーにはない有機的な輝きを生むのだそう。

1.

産業革命の時代を生きる英国を
二つの部屋が静かに伝える

19世紀のジュエリーにうっとりしながら奥の部屋に入ると、一転して「BROWN ANTIQUES」のイギリス紳士の世界へ。壁には動物の剥製、オーク製のウォールシェルフにはピューターでできた食器が厳かに鎮座しています。

プロダクトデザイナーの経歴を持つ店主の山田和博さんは「美しいものは既にある」と気づき、新しいものを作るよりも、今の時代に残されたものを伝えるべく、この空間を作りました。同店でセレクトする家具は、アンティークと言ったときにイメージされることの多いゴージャスなヴィクトリアン期ではなく、ひとつ前の時代に花開いたジョージアン期（1714〜1830年）のイギリスのものが中心。直線的でスマートなデザインが美しい家具には知的な趣があり、英国のダンディな侯爵が住む邸宅をイメージした空間の顔となっています。

若い人々の集うこの街でアンティークの店を開くということ、それは次の世代にバトンを渡すことにほかなりません。今よいものは、これからもよいものとして残すべきもの。2つの異なるアンティークショップは、その思いで結ばれています。

3.

2.

BROWN ANTIQUES
（ブラウン アンティークス）

東京都渋谷区代官山町 19-10 加藤ビル 301 ／ 03-6884-2243 ／ 13:00-19:00 ／月曜日中心に不定休／ 東急東横線代官山駅より徒歩約 1 分／ http://www.brownantiques.jp

GYPSY ANTIQUES
（ジプシー アンティークス）

東京都渋谷区代官山町 19-10 加藤ビル 301 ／ 03-6884-2243 ／ 13:00-19:00 ／月曜日中心に不定休／ 東急東横線代官山駅より徒歩約 1 分／ https://www.instagram.com/gypsyantiques/

1.「BROWN ANTIQUES」に足を踏み入れると、まず目に入るのが壁に据え付けられたウォールシェルフ。左手のキャビネットに目を移せば、紳士のためのアクセサリーが／ 2. アンティークのシャンデリアパーツをシェードにした「エンジェルランプ」(1万 6200 円)は同店のオリジナル。天使の羽根のようにはかなく繊細な輝きをもたらしてくれる／ 3. 窓から代官山駅の光景を目にして、ふと我に還る瞬間も楽しい。「自分の部屋のような気持ちで、夜にグラスを傾けることもあります」と「BROWN ANTIQUES」店主の山田さん

SHIBUYA・MEGURO・SETAGAYA・SHINAGAWA

№ 12

MAP 4-C

【下北沢 | SHIMOKITAZAWA】

nonsense

銀食器が手に届かない庶民のため、銅を使った合金による食器作りを推進したデンマークの金属工芸デザイナー、ユースト・アナセンのプロダクトなど

日本の植物学の父、牧野富太郎校訂の『普通植物図譜』。隣に並ぶヨーロッパの植物図鑑のページと比べると、両国の植生の違いや、絵のタッチ違いが浮かび上がり、興味深い

多国籍の技が集い 日々の暮らしを彩る

若者が行き交う雑踏を抜け、街並みが静けさを増すのに代わって、さりげなくその姿を現すのがこちらのお店。神社の骨董市めぐりがアンティークの出発点だったという店主の益子ご夫妻ですが、選んだのは和の骨董店の道ではなく、ヨーロッパのアイテムと日本の道具が垣根を超えて集まる場所でした。「自分の暮らしの中にあってほしいなと思うもの、例えるなら、一軒家という箱をひっくり返して落ちてくるようなものは、すべて扱います。家にあったら面白いかも、使えるかも、と思い浮かぶかどうかがすべてです」。

同店では、コレクターとは違う、あくまで生活に取り入れることを主眼においたモノ選びをしています。「動かない機械などを見た目重視で仕入れるよりも、実際の生活で使えるものや、暮らしになじむオブジェとして提案できるものを揃えるようにしています。葉巻作りに使われたヨーロッパの木型のように、現代の暮らしの中では本来の使い方ができないものも、ディテールが良ければ他の用途に見立ててご提案することも多いんです」

1.

〝時により和にも洋にも装いを変える
その変化も楽しんでもらえたら〟

北欧各国、ドイツ、オーストリアの品に加え、日本で仕入れるアイテムのバラエティが、同店のラインナップの個性を生んでいます。ヨーロッパの食器が多く並ぶ中、花が咲き始める早春には型染めのお雛様を壁に掛けたりと、日本の歳時記を取り入れることも心がけているそう。北欧雑貨中心と捉えているお客さんに「久々に来たら、和のお店になったの?」と聞かれることもあるとか。

どんなときも常に同店を貫いているのは、「日々の暮らしに寄り添うもの」というキーワード。その結果、店内はヨーロッパ寄りにも、日本寄りにも自在に変化します。北欧のマグカップかな、と思いながら裏印を見ると日本のものだったり、日本の花瓶かと思えばドイツのものだったり。多国籍のものが集まり、互いの特徴を交差させながらものが同居する様は、無国籍というより、地球全体がフィールドなのだと捉えたほうがいいのかもしれません。いろいろな国のものが並ぶ店内で、この国はこういうデザイン、という固定観念から徐々に解放されていきます。

有名かどうかにはまったく執着せず、シンプルに、好きかどうかを感じ取る。自分の直感だけを頼りに、ものを見つめるレッスンを楽しんでみてください。

3.

2.

5.

4.

nonsense
（ナンセンス）

⌂京都世田谷区代沢 5-6-16 ／☎03-3418-0530 ／◷13:00-20:00 ／火曜日不定休・水曜日休（祝日は営業）／🚃小田急本線・京王井の頭線下北沢駅より徒歩約 10 分／ http://non-sense.jp

1. 鬢出（びんだし）と呼ばれる、髪結い専用の柘植の櫛。フォルムの美しさに見とれる／ 2. 下段のテーブルウェアは北欧のものと思いきや、フィンランドのアラビア社の影響を受けたデザイナー、栄木正敏氏のもの／ 3. カンボジアのかすりや幾何学模様のキリムなど、ファブリックはより多国籍／ 4. 淡いミントブルーの引き戸が木のあたたかみに満ちた店内を切り取り、すっと引き締めている／ 5. 葉巻を製造するときに使う、ドイツの木型。愛好家が多いそう。「この溝にポストカードを立てても。木の塊感がいいですよね」と益子さん

SHIBUYA・MEGURO・SETAGAYA・SHINAGAWA

№ 13

MAP 5-C

【三軒茶屋 | SANGEN-JAYA】

THE GLOBE ANTIQUES

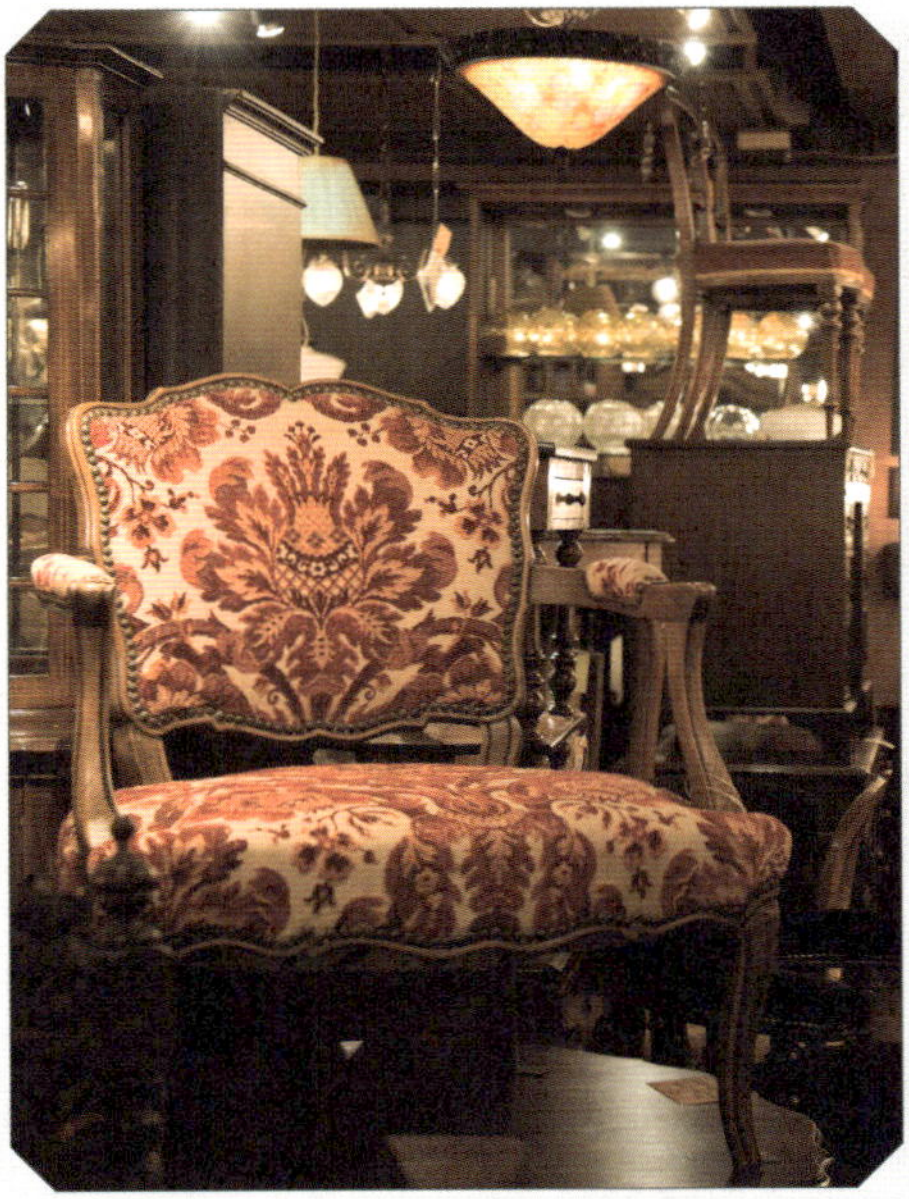

象眼の家具など、装飾性の高い華やかな家具が並ぶ2F。アンティークランプは3万円程度、アンティークテイストの現行品は4000円程度と買いやすいラインのものも豊富

B1Fの金物売場のように、アンティーク品とアンティークテイストの現行製品を比較しながら選べるのも魅力。複数の部屋を同じアイテムで揃えたいというニーズにも応える

上流階級の邸宅に招かれた気分に浸って

「例えるなら、イギリスのアンティークディーラーの大きな倉庫でしょうか」。高い天井の下に洋書の棚がそびえ立つフロアで、スタッフの女性はレンガ造りのこの建物をそう表現します。本が貴重だった時代には、大量の蔵書は持ち主の権力を表す手段でもあったとか。貴族の書斎のようなグランドフロアのカフェで、仕事帰りのひとときを楽しむ人々が、英国の家庭料理・シェパーズパイを味わいながらくつろいでいます。

街にひときわ輝くこの店は、3つのフロアに別館も加わった、アンティーク家具と雑貨の総合店。半日あってもまわりきれないほどの店内には、装飾小物から大物家具まで、生活のすべてのシーンをアンティークスタイルに変えられるほどの多様なアイテムがあふれています。日本人が「大邸宅」と聞いて想像するイメージを裏切らないような広い店内は、どのフロアもゆったりと空間をとって丁寧に作り込まれており、そのきらめきは、さながらアンティークショップという名のテーマパークのよう。

1.

2.

フロアごとにガラリと表情を変えるアンティークの多様な世界を行き来

　同店のユニークさは、階段を上り下りするごとにまったく違う世界が展開される造りにあります。訪れた人をまず迎えるのは、控えめにきらめくシャンデリアが見下ろす、書斎風の空間。カフェを併設したこのフロアの豪壮さに圧倒されながら地下へ下りると、アイアン&レザーを基調とした、重厚な大物家具や建材パーツが。実業家の書斎にあるようなボタンバックのソファやマホガニー製の家具など、知的で落ち着いた印象を与えるアイテムがどっしりと鎮座しています。2階に上れば、一転して華やかな世界へ。猫足の椅子でおなじみ、ヴィクトリアンスタイルの優雅なチェストや、チューリップ型のペンダントライトなどが、光を競い合っています。

　続いて、隣の別館へ。20世紀初頭のイギリスやベルギーのテイストを伝える本館と打って変わって、エレガントで軽やかな、フランスのシャビーシックスタイルの世界が広がります。さらに、各フロアの世界観に対応する装飾用の小物がテイストごとに棚を変え並ぶという細やかさ。ゆっくり起きた休日に、店内のカフェでブランチを楽しみ、たっぷりと時間をかけ迷宮のような店内をめぐって、疲れたらアンティークカフェで一休み。そんな優雅な時を味わってみては。

4.

3.

6.

5.

THE GLOBE ANTIQUES

（ザ・グローブ アンティークス）

東京都世田谷区池尻 2-7-8 ／☎03-5430-3662 ／11:00-19:30（カフェラストオーダー19:00）／定休日なし／東急田園都市線三軒茶屋駅・池尻大橋駅より徒歩約10分／http://www.globe-antiques.com

1.1F のカフェは食事メニューが充実。艶やかにデコレーションされたケーキやコーヒー、自家醸造のエールビールまで味わえる／ 2. 別館のメインは、色あせたノスタルジックな風合いがはかないシャビーシックスタイル／ 3.2F にはアームをガラスで覆ったマリア・テレジアスタイルのシャンデリアやグラスなど、クリスタル製品も／ 4. 迷宮のような B1F の家具のトンネルを抜けると、アンティーク缶を使った不思議な人形に出会った／ 5. 別館にいくつも並ぶチェストは、それぞれがひとつの世界観で完成している／ 6. 別館にはカントリースタイルのアイテムも

SHIBUYA・MEGURO・SETAGAYA・SHINAGAWA

№ 14

MAP 5-C

【西小山 | NISHIKOYAMA】

PINE GRAIN

このテーブルのように節が硬く目立つのが、パイン材の特徴のひとつ。新品ならマイナスにもなりうる部分も、手入れをしながら長く使うことで経年変化という新たな魅力を纏う

店内の家具の多くは1920～30年代のイギリスのもの。ドアや建材、ガーデニング用品を扱う1Fに始まり、金属パーツやキッチンウェア、チェストなどを扱う3フロア構成

家族の一員のように長く愛せる家具を

パイン材は、北米やヨーロッパなどで多く使われる、マツ科の建材。その魅力は、肩肘張らずに使える風合いだと店主の古川志津子さんは話します。古川さんがパイン材家具を扱うこのお店を開いたきっかけは、以前働いていたアンティークのお店でした。そのお店のメインだったパイン材の家具に毎日接していても、まったく飽きることがなかったのだそう。「家具にはいろいろな流行がありましたが、その中でも、変わらず好きだと思えた素材だったんです」。ナチュラルで明るい木製家具になじんでいる現代人にとって、パイン材は、アンティーク家具の中でも特に違和感なく取り入れやすい素材です。「若い頃は色の濃い家具を好んで使っていても、その重い雰囲気に疲れてくるのか、柔らかな印象のパイン材の家具に移る方も多いんです」。パイン材はもともと高価なものでなく、安価な材料として親しまれ、その木目を隠すようにペンキを塗って使われていたそう。現代では、塗装をはがして独特の風合いを味わう楽しみ方が確立されています。

1.

2.

家というつもの風景を誰よりも輝かせるお手伝い

パイン材の魅力を、誰よりも感じている古川さん。一生愛せる家具を提案するうえで、大切にしていることがあります。

「サイズなどの条件が合わないときは、ちゃんとお伝えすること。そこが不明なまま気に入ってお買い上げされようとしている方を、止めることもあるんですよ。サイズが合わなかったり、買ったのに使えなかったという出来事があると、それがアンティーク全体に対する印象を悪くすることにもなってしまう。使う喜びを味わっていただくため、しっかりお話をお聞きすることを大事にしています」。

店内を見ていると、ついときめきが先立って、すぐ手元に欲しくなってしまうのもわかります。同店のラインナップの中心となる、1920～30年代のアンティークドアは、優しい色合いのバラのステンドグラスをあしらったものや、ガラスのカッティングだけで模様を浮かび上がらせたものなど、親しみやすさと繊細さを備えたものばかり。ドアは家の顔になるだけあって、本当に気に入ったものを迎え入れることがとても大事だと古川さんは話します。使っていくうちに、家族の一員のようになじんでいく家具。ものだけでなく、それを伝える人の存在が、美しい家具のある暮らしには欠かせないのです。

4.

3.

6.

5.

PINE GRAIN
（パイン グレイン）

東京都品川区荏原 5-11-17 ／ 03-6426-1634 ／ 11:00-19:00 ／ 水曜日休 ／ 東急目黒線西小山駅より徒歩約10分 ／ http://www.pinegrain.jp

1. 家具を主軸におきながらもこうした雑貨を充実させているのは、アンティークをより身近に感じてほしいから／ **2.** 剥がれた塗装に垣間見える表情も美しい、フランス製の窓枠／ **3.** ホーローのキッチンウェアが並ぶ 2F ／ **4.** アンティークドアの中でも、優しい雰囲気を持つものをセレクト／ **5.** 国により規格が異なるガス管と違って、水道の蛇口はイギリスと規格の合うものが多いのだとか。味気ないキッチンにこの輝きを添えてみたい／ **6.** アンティークガラス瓶も豊富。茶色の小瓶には、当時劇薬が入っていたとか！ 花瓶として使えば怪しくも美しい

SHIBUYA・MEGURO・SETAGAYA・SHINAGAWA

№ 15

MAP 5-C

【代々木公園 | YOYOGI-KOEN】

TIN'S COLLECTION

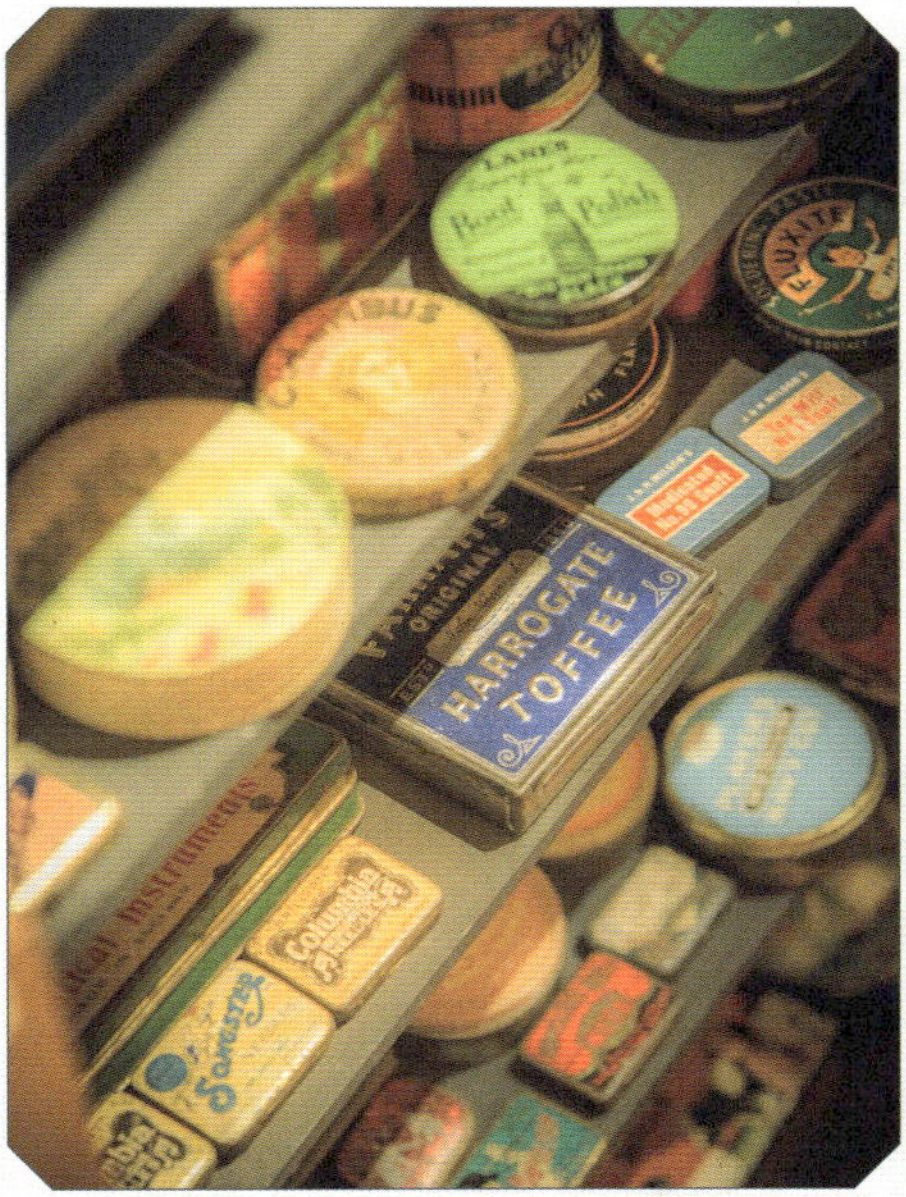

革製品用のクリームや、イギリス人の国民的お菓子・トフィー、レコード針などの色鮮やかなブリキ缶が並ぶ。2000円程度で気軽に手に入れられるものも揃っている

イギリスのショーウィンドウ風の愛らしい店舗。古い商店や人気のパン屋、飲食店が集まるチャーミングな一角にあり、若者や外国人のお客さんも訪れていく

ブリキ缶コレクターを魅了する英国デザイン

「これは昔イギリスにあった、『テリー』というお菓子屋さんの陳列ケース。今は外観だけ残して、洋服屋になってしまっています。昔はイギリスの小さい街にもたくさんチョコレート工場があったんですよ。今ではなくなってしまった、そういうメーカーの什器が、うちにはいっぱいあるんです」。

店内は、ブリキ缶コレクターである店主、江川博さんのコレクションボックスのよう。商店で使われていたお菓子やウイスキーの陳列棚のほか、酒場でお酒の広告として使われたパブミラー、そして店主の膨大なコレクションの一部である、色とりどりのブリキ缶が、所狭しと並んでいます。お菓子メーカーの『マクビティ』や『キャドバリー』など、今も知られるメーカー品の歴史が色鮮やかに残された店内は、アール・デコ時代のロンドンの食料品店のよう。「この缶は100年前のもの。現代のオフセット印刷では劣化してしまう鮮やかな色が、今では使われない重金属を使った絵の具によってきれいに残っているんです」。

1.

2.

自由と成長と美が共に生きた大量消費時代の夜明けの輝き

　グラフィックデザイナーでもある店主は、当時のイギリスのブリキ缶を「アイディアのソース（源）として最高」と絶賛します。「プラスチックものが増えてデザインがポップ寄りになる手前の時代、1920〜1940年頃のものを集めています。マクビティの初期に作られた『ブルーバード』という缶は、頭がポコッと取れる面白いデザインでとても好きなんです」。バスをかたどったビスケット缶も、とてもユニーク。日本でいうモボ・モガ時代のボブヘアの女性が描かれ、当時の風景を伝えています。文字と絵が同等に成り立つ、当時のデザインの存在感は圧倒的です。クラシックなデザインに惹かれて、店舗ディスプレイ品を求めるアパレル関係者もよく訪れるのだそう。

　ライバル会社と競うように生み出した目を引くデザインと、手描きのロゴが躍動するパッケージは、大量生産と職人技が同居する時代ならでは。店舗ディスプレイ用の大きな缶から、サンプル品を入れるための小さなケースに至るまで、そのどれもが消費の純粋な喜びを表しているかのようです。ほんの20、30年間に花開いたデザインの魅力が、今も色あせずに伝わってきます。

4.

3.

6.

5.

TIN'S COLLECTION
（ティンズ コレクション）

東京都渋谷区富ヶ谷 1-6-4 T.T代々木 102 ／☎ 03-3485-1639 ／ 12:00 - 19:00 ／水曜日休／東京メトロ千代田線代々木公園駅、小田急小田原線代々木八幡駅より徒歩約２分／ http://www.tins-col.com/

1.「FRY'S」をはじめ、今では見られなくなってしまったお菓子メーカーの什器から、歴史に思いを馳せる／ 2. 宝飾品のようにゴージャスなレジスター。側で輝くガス灯として使われたランプのほか、ガラス製品も豊富／ 3. ミシュランのオブジェは人気のアイテムのひとつ／ 4. 本物のポストの上に、イギリスのメーカー「Vulcan」のチャイルドミシンが／ 5. 非常に貴重なマクビティのバス型ビスケット缶。量り売り用のガラスケースの中に収められている／ 6. 中高生向けの文学書。背表紙のデザインひとつひとつが絵画のような美しさ

№ 16

MAP 5-C

【恵比寿 | EBISU】

GENIO ANTICA

イギリスの紳士の姿が目に浮かぶようなハンチング帽やネクタイのほか、ディズニーの古い楽譜などアメリカのものも顔をのぞかせる

イギリスの家庭を彩った名もなき名品の数々

「10000JUMBLES（1万個のガラクタ）」というキャッチフレーズが示す通り、1日じゅう店内で過ごせそうなほど、ぎっしりと雑貨が詰まった店内。その9割を占めるのは、イギリスのどこの家庭にもあるような「名もなき名品」の数々です。イギリスといえば優雅なアンティークの家具が思い浮かびますが、この店に並ぶのは、1950〜70年代の食品パッケージやガラスの食器、おもちゃやカメラなど、ごく身近なものばかり。

「かつてバーモンジーにあったマーケットの中の店が大好きだったんです。今にも雪崩が起きそうなくらい、ものがたくさんある店でした」。店主の南雲さんが懐かしそうに振り返る店が、同店のモデルになったとか。

今でこそこの周辺はアンティークショップの多いエリアとなっていますが、同店がオープンした1985年は、恵比寿が開発される前。当時から変わらず、イギリスのボロ市や救世軍のバザーのほか、ロンドンやアイルランド、地方のアンティークフェアなどで集められた品が所狭しと肩を並べています。

1.

2.

日本人のあこがれを詰め込んだ宝箱に感じる懐かしさ

往時の香りを残す香水瓶や、ハンチング帽、古いステーショナリー。貴族や上流階級の人しか手にできなかったものではなく、イギリスのどの家庭にも普通にあるようなものが並びますが、よく目を凝らすと、さまざまな品に刻印があるのに気づきます。こうしたホールマークやグラスのロゴプリントにより、作られた年代がはっきりわかるものも多く、中でもエリザベス2世が戴冠した1953年のものは、特にコレクターの心をくすぐる品だそう。

店内を眺めているときに抱くのは、異国のものに感じる好奇心よりも、日本の田舎で母親やおばあさんの引き出しをそっと開けたときのような懐かしさです。さりげない花柄のカップ&ソーサーや、鈍く光る金色のアクセサリーは、日本のものと言われても信じてしまいそう。「日本の骨董市に行くと、イギリスのものをよく見かけるんですよ」と南雲さん。また逆に、イギリスのアンティークフェアで日本の昔の道具を見かけることも多いそう。かつてイギリスで作られたものへのあこがれが、少し昔の日本の風景に深く入り込み、今も日本人の心を捉えていることを実感させられます。

4.

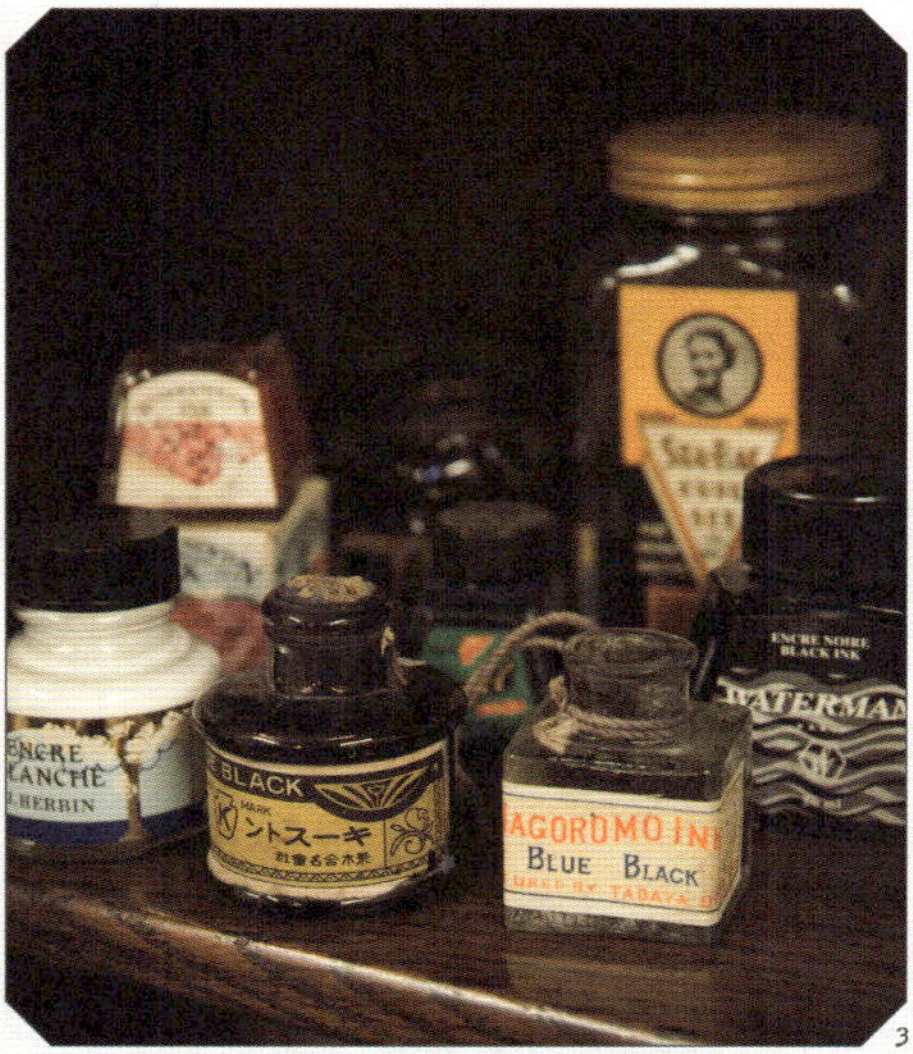

3.

6.

5.

GENIO ANTICA

(ジェニオ アンティカ)

東京都渋谷区恵比寿西2-6-10／☎03-3496-3317／12:00-18:30／日曜日休（不定休あり）／JR山手線・東京メトロ日比谷線恵比寿駅より徒歩約6分／http://www.genioantica.com

1. テディベアの脇に並ぶドールハウスのようなミニチュアは、特に力を入れているジャンルのひとつ／2. イギリスの家庭でおなじみのスープキューブ「OXO」製品などキッチンまわりのアイテムが豊富／3. 各国のインク瓶の中に、日本のものが違和感なく溶け込む／4. 医療関係者の手書き文字が残された古い手帳。金色のホールマークが残る、繰り出し式のプロペリングペンシルとともに／5. イギリス南西部のデヴォン地方などで1930～60年代に流行した土産もの／6. 数えきれないほどのアイテムが並ぶ中、ブローチやコンパクトの輝きが目を引く

SHOP DATA
東京都世田谷区代沢5-31-8 ／ ☎ 03-6805-2638 ／ 12:00-20:00（金土 12:00-22:00）／定休日なし（臨時休業あり）／小田急本線・京王井の頭線下北沢駅より徒歩約5分

渋谷・目黒・世田谷・品川エリア・下北沢

好奇心の森 DARWIN ROOM

（こうきしんのもり　だーうぃんるーむ）

よりみち喫茶店 №03

MAP 4-C

1.

自然とともに歩み続ける 人間の歴史をたどって

古いものを手にするうち、たどり着くのが「人間とモノはどんな歴史を歩んできたのだろう」という疑問。進化論を唱えたイギリスの学者、チャールズ・ダーウィンの名を冠した同店には、そんな謎を解くヒントが詰まっています。店内にズラリと並ぶのは、自然科学や文化人類学の本や図鑑、中には生き物の生態をやさしく描いた絵本も。宝石のように光る昆虫や、鉱物・化石・植物の標本のほか、今にも動き出しそうな動物の剥製も佇んでいます。この空間で「本物」に触れて、生き物の生態や生息地、その美しい姿に思いを馳せるきっかけを提供し、「考える人を応援しよう」というのが同店のコンセプトです。2Fラボでは、研究者を招き様々なイベントを開催。自然とともに歩み、文化を発展させてきた人類の歴史を思いながら飲む一杯が、好奇心の扉を開いてくれます。

2.

3.

1. 銀座の老舗「カフェーパウリスタ」の豆を使ったエリンバリコーヒー 486円。焼き菓子も美味／ 2. 時計草やアボカドの木が茂る店舗。研究者との交流を通して知識を深められるイベントも多数開催／ 3.「教養の再生」がコンセプト。本、標本、研究道具などが購入できる

SMALL ANTIQUES & COFFEE SHOPS IN TOKYO

AREA 3

SHITAMACH MARUNOUCHI

ASAKUSA・KURAMAE・OSHIAGE・NEZU・SENDAGI・MACHIYA・HATCHOBORI・KAYABACHO

下町・丸の内

浅草・蔵前・押上・根津・千駄木・町屋・八丁堀・茅場町

SHITAMACHI・MARUNOUCHI

№ 17

MAP 6-B

【浅草 | ASAKUSA】

東京蛍堂

金文字の入ったガラスの建具は、三味線屋で使われていたもの。大正・昭和初期の衣類や雑貨、クラシックな雰囲気を持つ1980年代のものや江戸時代のそば猪口なども扱う

モボ・モガの気分を味わえる

いくつも灯る明かりが、戦前の日活映画のポスターを照らし出す店内。昭和の大衆音楽やアルゼンチンタンゴが流れる半地下の小部屋には、ひんやりとした空気が漂う……そこはまるで、江戸川乱歩の小説の世界です。「戦後、アメリカのものがもてはやされ、日本のものが隅に追いやられた時代がありました。でも私たちは、日本の古きよきもののバランスがうまく保たれていた時代が好きなんです」。着物に身を包んだ店主の稲本淳一郎・陽子夫妻が現れると、店内はまさにモボ・モガの世界そのもの！　大正期に大衆食堂の宿舎として使われていた建物を使った迷路のような店内に、そんな歴史の一員になれるようなアイテムが揃います。真空管ラジオを見て懐かしいと感じる世代もいれば、クラシックな雰囲気を持つ1980年代の雑貨に新しい魅力を感じる20代も。ガールフレンドへのプレゼントにと着物を買いにきたオランダのアンティークディーラーなど、さまざまなバックグランドのお客さんが、この空間に身を浸しています。

大正・昭和の時代を今に伝える文化の発信地

1.

2.

「スペインのお客様が、着物の帯留めをチョーカーにしてみようかな、とおっしゃっていたことがあるのですが、手間をかけて作られたものに込められた思いを感じて、自由に使っていただけることが嬉しいんです」。

大正ロマンや昭和レトロの世界は、ともすれば単に懐かしく振り返り、箱の中にしまい込んで愛でるものになりがちですが、同店では、あくまでも普段の生活で使うことが、ものを大切にする一番の方法だと考えています。ろうそくの代わりに電球が使えるよう行灯を改造したり、昔の照明の微妙な色合いを再現するため、電球に色を塗ったりするのも、その方法のひとつ。着物もただ売るだけではなく、店主自身が毎日袖を通しているからこそ、身に付ける実用品としての魅力を伝えられるのです。

「若い方には昭和40年代生まれの私が使っていたようなものも新鮮に映っていますし、母には祖母の時代のものが素敵なものに映っていたそうです。いつの時代もそうやってひとつ前の時代に魅力を感じることが繰り返されています。それをきっかけに、さらに前の時代に興味を持っていただけたら。ものに込められた作り手の気持ちごと次の人に伝えて、繋いでいければと思っています」。

4.

3.

6.

5.

東京蛍堂

(とうきょうほたるどう)

東京都台東区浅草 1-41-8 ／ 03-3845-7563 ／ 11:00-20:00 ／月・火曜日休（祝日は営業）／東京メトロ銀座線ほか浅草駅より徒歩約８分／ http://tokyohotarudo.com

1. 大正～昭和初期の着物。艶やかな色とモダンな柄、エレガントな長い袖が特徴／ 2. 細かい細工が美しい帯留め／ 3. 古い薬の看板がぼうっと照らし出される／ 4. たばこ屋の什器を利用したスペースに「カフヱー」の文字が。毎月第二日曜の夜にはクラシックな装いで参加する交流会が行われ、お茶が振る舞われる／ 5. 入口に飾られたアール・ヌーヴォー風の看板と明かりに、はっと息をのむ／ 6. 電気冷蔵庫がまだ普及していなかった時代、食品を保管するために使われていたという、半地下のスペース。ここで活弁や手品が披露されることも

SHITAMACHI・MARUNOUCHI

№ 18

MAP 6-B

【千駄木 | SENDAGI】

Yanaka Red House Button Gallery

旅先などで装いを変えるほか、必要なときにはお金に換える宝石のような役割を果たしたという、携帯用のボタン。逆に、本物の硬貨に糸を通して衣類に縫い付けることもあったそう

19 世紀～ 20 世紀のアンティークボタンは実際に手に取って購入できる。ケース内に展示されているボタンはさらに古く、18 世紀の産業革命時代のものも

貴族の歴史が詰まった ボタンという名の宝石

「19世紀のヨーロッパでは、ボタンは貨幣と同じ価値があったんですよ。宝石のように貴重で、お金に交換することもできたものなんです。反対に、美術品のように眺めるために作られたものもありました」。子どもの頃からアンティークが好きで、発掘の仕事に携わっていたこともあるというオーナーのドリーヴス公美さん。ここは、イギリスやフランスなどのアンティークボタン収集を続けるドリーヴスさんのコレクションを見られる個人ミュージアムであり、解説を受けながらアンティークボタンを買えるという、日本でも珍しいスタイルのボタン専門店です。「ナポレオン即位記念のボタンの下にあるのは、フランス革命のときのもの。見た目はかわいいけれど、農夫が槍やサーベルを持って戦ったという歴史の背景が、この小さなボタンの紋章に凝縮されているんです」。単に服飾品としての実用性にとどまらず、地位やステイタスを表すものでもあったボタン。わたしたちが普段目にも止めない小さなものに、そんな歴史が隠されていたのです。

1.

2.

世界一小さな絵画に恋い焦がれ遠い歴史に思いを馳せる

大きな白い貝ボタンを指して、ドリーヴスさんは続けます。「ここに書かれているのは『僕は彼女を手に入れた』というフランス語。貴族社会では、パーティでお見合いのようなことも行われたのですが、愛の宣言が隠されたボタンを男性が身に付けることで、他の男性が女性に手を出せないようにしたんです。でも、恋多きフランス男性は、そんなボタンのメッセージなんて気にしなかったかもしれませんね」。華やかな時代を経て、世界は産業革命の時代に至ります。象牙を模したセルロイドボタンや、ダイヤモンドのように輝くカットスティールなどが生まれたことで、ボタンは徐々に庶民の手に届くものになりました。ボタンの美しさ以上に、そこに込められた文化や歴史が興味深く、その奥深い世界にすっかり惚れ込んでしまいます。

「このアイリッシュレースはおしゃれのために編まれたわけではなく、アイルランドの女性たちがレースを売ったお金が軍事資金の足しにもされたんです」。手芸＝女性的な趣味と考えがちですが、その素材は、さまざまな時代を経た産物だったという真実があります。手仕事に興味のある人だけでなく、歴史好きの心を強く震わせるストーリーが、宝石のような輝きに宿っています。

4.

3.

6.

5.

Yanaka Red House Button Gallery

（ヤナカレッドハウスボタンギャラリー）

東京都台東区谷中3-1-15／☎03-5842-1403／11:30-18:00 ※最終入館17:30／日・月・火曜日・祝休（臨時休業あり）／東京メトロ千代田線千駄木駅より徒歩約5分／http://www.yanaka-redhouse.jp

1. ステンドグラスを通して木漏れ日のような柔らかな光が店内を照らし出す／2. アーツ＆クラフツ運動を推進したウィリアム・モリスの工房兼自宅をイメージした建物／3. エリザベス女王がアルバート公の死に際し身につけたジュエリー素材「ジェット」をガラスで模したもの／4. ナポレオンの即位とフランス革命の年を表したボタン／5. イギリスの上流階級の子女による「刺繍サンプラー」と呼ばれる作品。聖書の一節や、自分が学び得た知識を刺繍で綴っている／6. 洗濯を想定した現代の衣服でも、こうしてピンと組み合わせれば繊細なアンティークボタンを身に付けることができる

SHITAMACHI・MARUNOUCHI

№ 19

MAP 6-B

【町屋 | MACHIYA】

anima garage

町工場の続く一角にある、電気工事とコーディネート業の工房・事務所を兼ねた店舗。現在では3階のスペースをリノベーションし、ショールームとフードアトリエを展開している

店内で控えめに咲いていたアネモネ。「この花から浮かぶのは、春の洋服。自分が女性だったらこういう服を着てみたい。いつもそうやってイメージを膨らませています」

時とともに開く
アンティークという花

「今日注文が入った花束は『優しくて強い女性に』とご注文いただいたんです」。大きく放たれた窓の奥で色を重ねるのは、華やかで力強い真っ赤なダリアに、ニュアンスカラーのラナンキュラスやアネモネの花。店内を満たす花について尋ねていると、ここがアンティークショップであることを忘れそう。

「子どもの頃、たまたま照明器具が壊れたので、何となくカッコいいと思うものを取り付けてみたんです。そのとき生まれた陰影がとても印象深くて。この照明の下には古いテーブルがほしい、今度はこういう椅子を置いてみたい、とどんどん興味が広がっていきました」。本職は祖父から代々続く電気工事の仕事だという、店主の福嶋慶太さん。幼少期に芽生えた照明やインテリアへの関心に加え、お客さんから頼まれたディスプレイのお手伝いをきっかけに、今では空間コーディネートの仕事も手掛けるように。窓からそっと差し込む光と、ヨーロッパのアンティークの陰影に満ちた店内は、どこを切り取っても一幅の絵になるような美しさです。

1.

2.

時間とともに花開く一輪の花とその記憶を持ち帰って

中央の大きなテーブルには、ヴィンテージのフラスコに装われた花々が。花の傷みが早い8・9月には、フランスなどの蚤の市で出会ったテーブルウェアのコーディネートが、それに取って代わるのだそう。夕暮れの日射しと照明の光がゆっくりと交替していく時間には、花びらから漏れる光と、アンティークが照り返す光が交差し、息をのむような美しい陰影が店内を満たしてゆきます。

「アンティークに加えて花を扱った最初のきっかけは、近所のお客さんから花を置いてほしいと頼まれたことでした。『こういうイメージで作ってほしい』とブーケの依頼を受けたときに、それってどんな花で作り出せるんだろう？と考え始めたら、どんどん楽しくなっていったんです。花と古いものには、同じ魅力があると思っています。つぼみの状態もいいけれど、花が美しいのは、やっぱり満開のとき。時が経つにつれて味わいが出てきたときが一番美しくなるアンティークも、自分にとっては一緒なんです」。無骨な中にも女性らしい繊細さがあるものが好き、と語る福嶋さん。一輪の花、美しく朽ちてゆくアンティークの食器、この空間に満ちる光。どれを手にして帰っても、きっと同じ気持ちが心を満たしてくれるはずです。

4.

3.

6.

5.

anima garage
(アニマ ガレージ)

東京都荒川区荒川7-34-2／☎03-3806-4665(営業日のみ)／金・土 11:00-19:00 日・祝 12:00-18:00／月～木曜日休(祝日は営業)／千代田線町屋駅3番出口より徒歩約2分／https://www.facebook.com/animagarage/

1. 刻一刻と変わる木漏れ日が美しい。「照度を大切にしながら店づくりをしています」と福嶋さん。店内の繊細な陰影を味わいたい／**2.** 色とりどりに揺れる花の傍ら、アンティークの金属製品が静かに並ぶ店内。時の流れを感じる錆の風合いを楽しんで／**3.** 照明アンティーク、花へと続いた関心は、食の世界へ。オーガニック等の食品も扱う／**4.** 風の抜ける店内。花を吊るせば自然に美しいドライフラワーができるのだそう／**5.** デンマークの自治区・クリスチャニアの街で見つけたアンティークの天窓／**6.** 細やかな細工が美しいミルクポット

SHITAMACHI・MARUNOUCHI

№ 20

MAP 5-B

【根津 | NEZU】

ツバメブックス

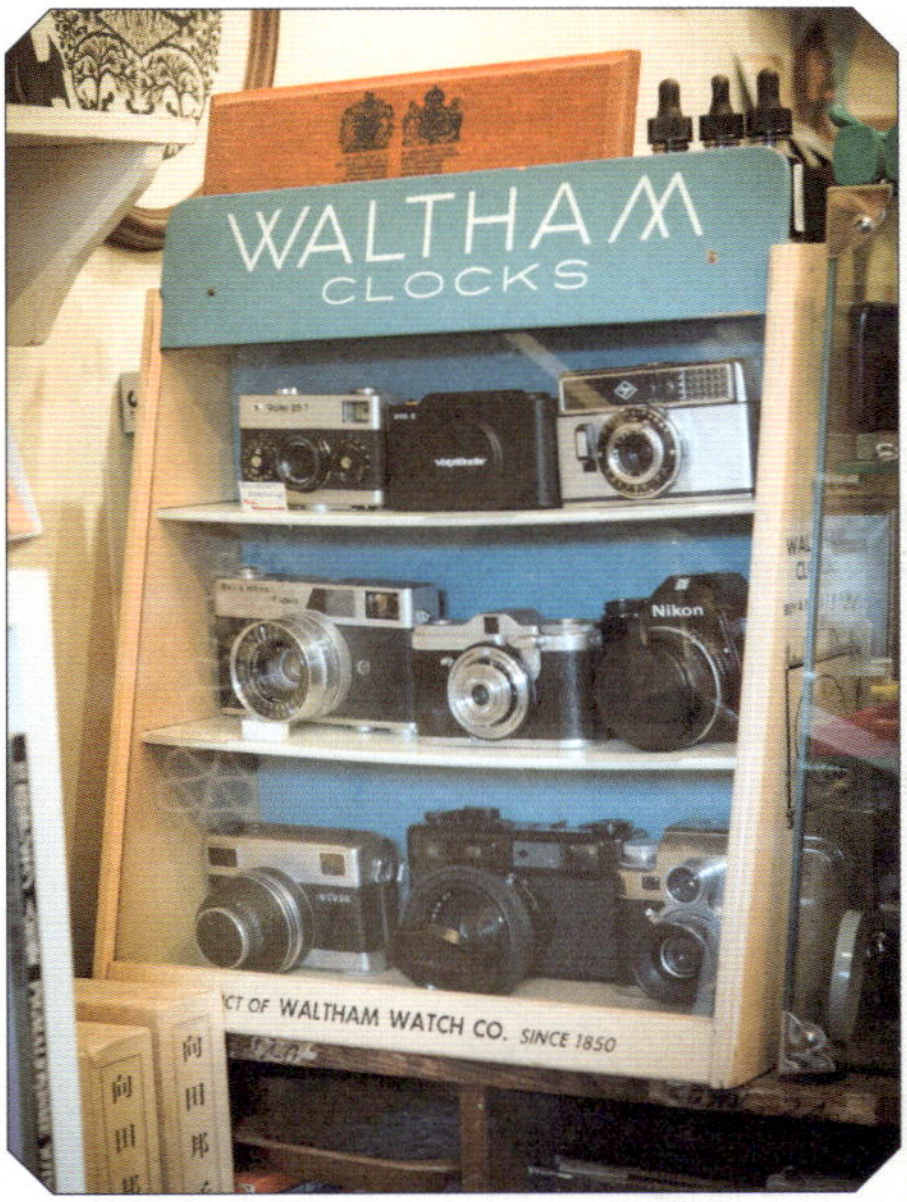

アメリカの時計ブランド「ウォルサム」の陳列ケースの中に並ぶカメラは、店内にあるものの中でも比較的見慣れたタイプが中心。実際に作動するものを揃えている

大丸の帽子箱の下には、コレクターも多いドイツのインゼル文庫が並ぶ。同店では1950年代の図鑑などが中心。「印刷発祥の地、ドイツならではの色がきれい」と楠さん

イラストレーターの書斎のような雑貨店

「売れるかどうかは関係なく、自分が好きなものを置いちゃいますね。手放したくない本がたくさんあるから非売品の棚も多くて。」と笑う、店主の楠のぶおさん。イラストレーター・人形作家でもある店主は、店内で製作を行うことも多く、デザイン関係の書籍や写真集、人形がたくさん並んでいます。「ものと気持ちが通じ合ったらぜひ、とは思っているんですが、積極的に売ったりできないんです。本が好きな人や、カメラマンの方とお話するのが楽しくて、買ってくれなくてもそれはそれでいいんですよね」。店主と1対1の時間が居心地よく過ごせるわけは、そんなスタイルにあるのかもしれません。ブルーとグレーのグラデーションが印象的な東ドイツの壁紙に象徴されるように、置かれているのはドイツ、ハンガリー、チェコなど、旧共産圏の本や雑貨が中心です。カメラのほか、機械式の手巻き時計などのメカニカルなものも。昭和の時代に使われていたようなちょっと野暮ったいものが、意外と女性の心を動かしているのだそう。

1.

2.

自由なデザインが生きていた共産圏の国々を旅する

楠さんの蔵書の延長線上にある本は、日本のサブカルチャーに関するものなど、内容も面白いものが集まっています。仕入れ品はいわゆる「ジャケ買い」も多いそうで、チェコの絵本の素晴らしさには特に惹かれているとか。「チェコは地下鉄の駅や標識のデザインも素晴らしい。社会主義の抑圧で自由に表現できなかった時代も、なんとか工夫することで、クオリティの高い物が生まれたんです」。

店内に飾られたハンガリーのポスターにも、過去の良質なデザインが残っているのだそう。「毒きのこに気をつけましょうとか、街をきれいにしましょうっていうだけのポスターが、こんなに素敵なんですよ」。そんな話から、雑貨、本、そして街並が互いに影響を与え合い、形作られていったことが想像されます。店内で気になった人形の国の絵本を見たり、写真集の美しい街から生まれた雑貨に触れたりするのも面白いかもしれません。

近くにキャンパスがある場所柄、同店には東大や東京藝大の学生もよく立ち寄っていき、ここで知り合って一緒にものを作り、展覧会を開いた人もいるそう。同店は本と雑貨を通じて人が集まり、新たなものが生み出される場ともなっています。

4.

3.

6.

5.

ツバメブックス

（つばめぶっくす）

🏠東京都文京区根津 1-21-6 ／☎ 080-3307-1958 または 03-3822-7480 （ツバメハウスにて取次ぎ）／🕒 12:00-18:00 ／火・水曜日休（展示会等による変更あり）／🚇東京メトロ千代田線根津駅より徒歩約７分／ http://woollydolly.com

1. 腕時計は１万円台～ 10 万円程度のものが中心。毎日でも使えるような、控えめなデザインのものが多い／ **2.** 街の美化と毒きのこへの注意を促すポスターの下に、楠さん作のニードルフェルトドールが並ぶ／ **3.** 二眼レフの代表格「ローライフレックス」のものなど、よりユニークなカメラが並ぶケース。フィルムのサイズが異なるものなど、コレクター好みのアイテム揃い／ **4.** メカニカルなアイテムと丸みのある雑貨が溶け合う風景／ **5.** 昭和の棚から、本とともに人形が顔をのぞかせる／ **6.** 根津神社の鳥居の目の前というロケーションにも心惹かれる

SHITAMACHI・MARUNOUCHI

№ 21

MAP 6-C

【八丁堀 | HATCHOBORI】

書肆 逆光

古物の後ろに並ぶ本は、時代やおおまかなジャンルごとにゆるやかに分けられている。小さな博物館を訪れるような気持ちで、その分類ごとのデザインの特徴を味わいたい

石器などの考古物が静かに身を横たえている。縄文土器が入ることも！ こうした古物も数万円から購入可。決して手の届かない存在ではない

ビジネス街に佇む 古物と古書の店

時代劇でもおなじみの八丁堀。この界隈は骨董通りがあることでも知られますが、21世紀の今はサラリーマンが足早に行き交うビジネス街と化しています。そんなエリアで、江戸時代どころか、旧石器時代の遺物までも扱うのがこちらのお店。中央に鎮座する土器について訪ねると「それは古墳時代のものです」と店主の鈴木学さんが事もなげに答えます。胸を高鳴らせて土師器《はじき》の中を覗いてみると、ざらつく肌の質感が生々しく、古代の人々が隣で息をしているような、不思議な気持ちに襲われます。博物館のガラス越しや教科書の中でしか見たことのない古物を目にできるだけでも興奮ですが、さらに驚くのは、購入して手元に置くことができるということ！ 旧石器時代や縄文時代の出土品のある暮らしを想像しただけで、今までにない感情が広がるのを感じます。古書は、戦前〜1970年代頃までの本を中心に、デザインや造本が美しいものを集めているそう。およそ1万年以上にもわたる時代のものが同時代に肩を並べています。

1.

縄文時代の古物と昭和の古書が溶け合い ひとつの空間を作り上げる

ひとつひとつのモノにじっくり対峙できる店内は、まるで博物館のような楽しさに満ちています。極めて自然物に近い石器があるかと思えば、昭和40年代のフルーツの空き缶をつなげた謎の工作物も。ふっと飛び込んでくる鮮やかな色やとぼけた表情のおもちゃが、茶色と黒の世界に違和感なく溶け込んでいます。そんな景色の一部となっている古書を手に取れば、思いがけない量感にはっとさせられるはず。戦前の本には現代よりも存在感のある紙が使われているといい、現代の本ではなかなか味わえない、物体としての力強さを持つ本が並んでいるのです。

こうしてモノと向き合うことによって、なぜか次々とイマジネーションが湧いてくるのが、同店の不思議なところ。鈴木さん自身「店に置いてみて初めて気づくことは多い」といいます。雑多なものを盛り込み、ひとつのものを作り上げるという同店のコンセプトは、店名の由来ともなったトマス・ピンチョンの小説『逆光』にも共通していることだそう。

時代も国も異なるものが織りなす調和が、本をモノとして愛でること、そしてモノからなにかを読み取ることもまた可能なのだと気づかせてくれます。

3.

2.

書肆 逆光

（しょし ぎゃっこう）

東京都中央区八丁堀 2-3-3 2階／☎03-6280-3800／12:00-19:00／日曜日休／東京メトロ日比谷線・JR 京葉線八丁堀駅より徒歩約 6 分／ http://gyakko.blogspot.jp

1. 現代のスーパーマーケットでもおなじみ、昭和初期から缶詰生産を行うサンヨーのフルーツ缶を使った工作物。人の手が加わったアイテムから、当時の人々の息遣いを想像するのも楽しい／ 2. 詩や俳句、美術関連の本が多く並ぶ。分厚く重量感のある紙に、本は目だけでなく指先でも読んでいるのだということを実感する。現代の薄く滑らかな紙では味わえない感覚だ／ 3. フランスの修道士が使っていたというスープ皿と、ドイツの古い器。「こういうものが家にひとつあるだけで、暮らしがすごく変わります」と鈴木さん

SHITAMACHI・MARUNOUCHI

№ 22

MAP 6-C

【茅場町 | KAYABACHO】

MAREBITO

オリジナルに見えるものが生粋のアンティークだったりする逆転現象も面白い。外に運河が広がる窓から光が射し込み、街が夕闇に沈む頃にはかすかなランプの明かりだけが灯る

手前に置かれているのは、五合枡の底板を使ったクリップボード。不思議な動物オブジェと共に、古い理科実験用のスタンドを使ったランプに照らし出されている

古きものが新たな懐かしさを生む

五合枡を土台にしたメトロノームや、古いストーブの部品を組み合わせたランプ。古道具のパーツを使ったオリジナル製品が並ぶアンティークショップは少なくありませんが、そのユニークさで群を抜いているのが、この「MAREBITO」です。

金属製の大黒天のオブジェや、写真の焼付け器といった古物の間に、店主の古村太さんが創作した「新しい古道具」が潜んでおり、すべてが元からその姿であったような、自然な温かさをたたえています。

それはきっと、「田舎の田んぼに不法投棄されていた扇風機やテレビ、壊れたおもちゃを見て、素材の美しさに目覚めました」という店主の道具愛あってのこと。いったい何に使うのかわからなくても、ただそこにあるだけでいいと思えるような古物が、「ある」よりも「いる」と表現したくなるような存在感をもって佇んでいます。木やブリキ、真鍮など、ひとつひとつの素材を慈しみながら配置していることが、見ているだけで伝わってくるはずです。

1.

2.

木や金属の塊が持つ素朴な質感が訪れる人を異世界へと誘う

抽象芸術を扱うミュージアムのような店内には、日本の軍人が使用した革製のペンケースや、職人が使用する金属製の定規など、いわゆるプロの道具も。現役時代には「かわいい」という目で見つめられたことはなかったであろう無骨な道具の数々が、店主のフィルターを通すことで、まろやかな印象を帯びて目に映ります。妙なリアルさがかえってキッチュな真鍮製のブタや、つたない造形のとぼけた鳥のオブジェなどがところどころに配置されていることで、こうした実用品の角が取れて見えるのかもしれません。

電話交換機が使われていた時代の、3桁の電話番号が記されたプレートなど、日本がもの作りの国として発展していく過程の時代を今に伝えるアイテムも印象的。店内にはこうした日本の古道具も多いのですが、それにもかかわらず、どこの国か、どの時代かもわからない空間が広がっているのが不思議です。その一角には、店主の秘密の小部屋のようなアトリエが。メトロノームやランプなどのオリジナル品は、ここで生み出されています。つい数日前まで売場に並んでいた古道具が、新たな道具に生まれ変わってお目見えする、という楽しみもあるかもしれません。

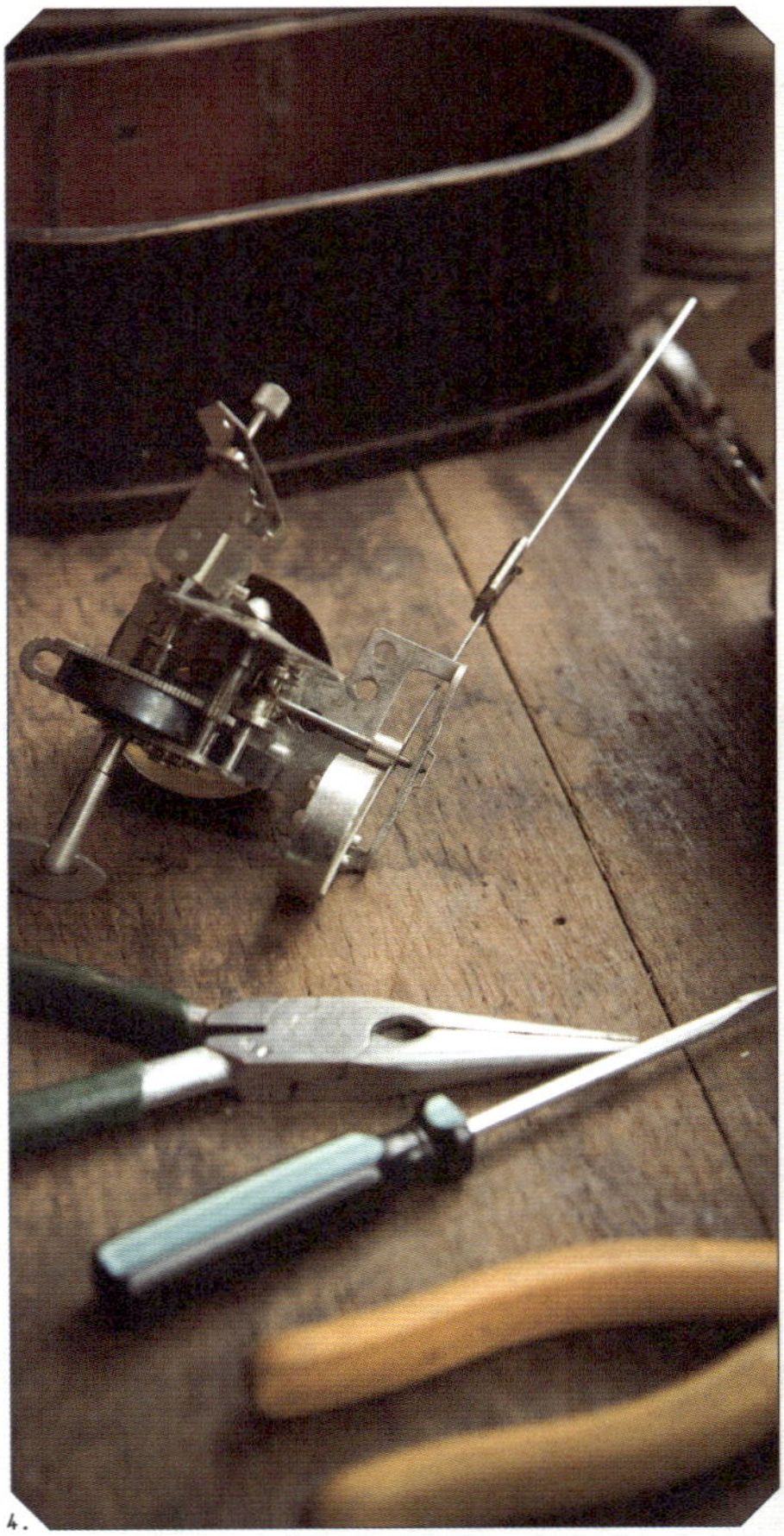

4.

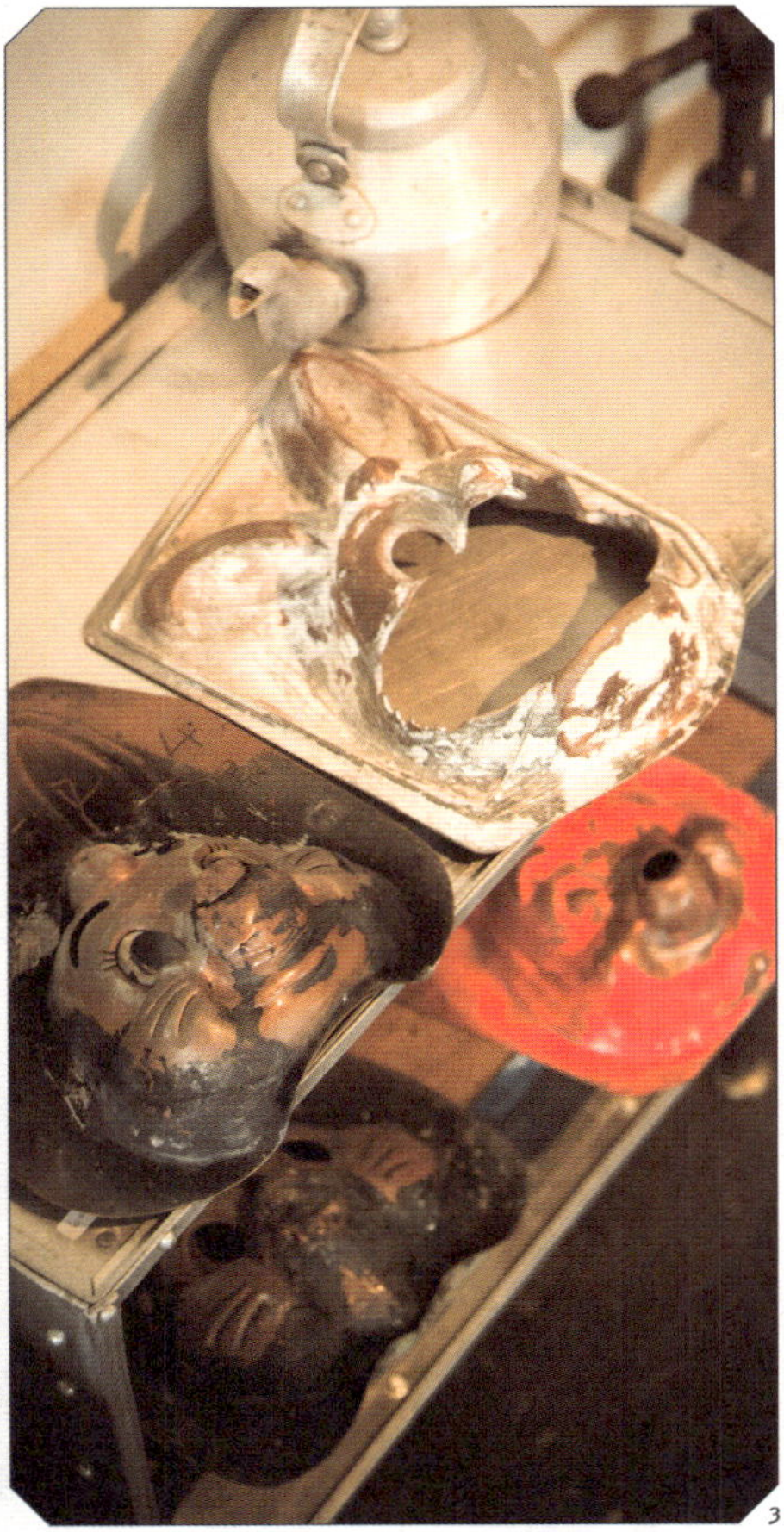

3.

MAREBITO

(マレビト)

東京都中央区新川 1-3-23 八重洲優和ビル 2F-B ／☎ 03-3555-9898 ／13:00-19:00（土曜日 13:00-18:00）／月曜日・火曜日休（日曜日は骨董市出店のため不定休）／東京メトロ東西線・日比谷線茅場町駅より徒歩約 3 分／ http://mare-bito.com

1. 木や皮、ブリキなどの金属の風合いに目を行き来させながら楽しみたいディスプレイ。写真の焼付け器など、カメラ好きが喜ぶ品も潜んでいる／ 2. ブタやカンガルー、フクロウやクマなど動物モチーフのものも多く、無骨な道具の脇で柔らかな空気をもたらしている／ 3. 岡持ちを改造したケースの中に、日本のおもちゃを塗装するために使われた型が並んでいた。当時のペンキがそのまま残り、力強さを感じる／ 4.「MAREBITO 創作メトロノーム」の基礎には昭和末期の音楽室で見たようなメトロノームが使われている。外箱に弁当箱を使ったものも

SHITAMACHI・MARUNOUCHI

№23

MAP 6-B

【浅草｜ASAKUSA】

緑園

素朴な食器やキュートでノスタルジックなファブリックの間に、どこか間の抜けた雑貨がまぎれこみ、あたたかなムードを生み出している。眺めているとゆるやかな気持ちに

ハンガリーの平皿とマグカップ。首都ブダペストの南に位置するカロチャ地方は、家の壁にも刺繍の模様をあしらう文化で知られる。ポーランドにも同様の慣習があるのだそう

色鮮やかな雑貨と共に東欧をめぐる小さな旅

東京の東側は、東欧や北欧の雑貨店が点在するエリアです。浅草で店を営む「緑園」も、そのひとつ。ドイツに始まり、チェコ、スロバキア、ハンガリー、バルト三国を経てフィンランドに渡る旅で買い付けた日用品が並び、オレンジ、黄色、グリーンと鮮やかな色の食器や人形がひしめく店内には、1960〜80年代頃に作られたヴィンテージ品がヨーロッパの地図を描いています。東欧諸国では、最近面白い動きが起きているそう。「ドイツの若い人たちが、東ドイツ時代のものを懐かしむようになっているんです。日本でいう昭和レトロみたいに、昔のデザインを取り入れた飲食店も増えています。以前は雑貨の扱いがぞんざいで、『そんなもの欲しいの?』と言われることもあったのですが、最近は昔の価値に気づいた国が増え、よいものが見つけにくいんです」と、店主の大澤さん。旧ソ連時代や戦後の記憶が過去となりつつあり、IKEAなどグローバル企業で文化が均一化している今、昔のよいものに新たに光が当たり始めているようです。

1.

2.

「再発見」された旧時代の雑貨が歴史を経て新たによみがえる

店内で目を惹かれるのは、色とりどりのブックカバーのように並べられた、東欧諸国のファブリック。ドイツの大きなベッドカバーを裁断したものが多く、都内でも随一の品揃えで、ボタンや刺繍テープなども取り揃えているため、小物や手芸作家の常連さんもよく訪れるそう。

上品な印象のアイテムと、とぼけた表情のものが混じり合う店内をゆったり眺めていると、東欧の近寄りがたいイメージが、ぐっと身近なものに感じられます。

また、さまざまな国を渡り歩く中で、お国柄も見えてくるそう。

「ハンガリーの業者の人は強気の言値が多くて、ドイツは製品がきっちり作られている反面、なかなか値段をまけてくれない。真面目な人が多いんです。」そんな店主・大澤さんの話を聞きながら、ぜひ、東欧諸国の蚤の市をめぐる旅気分を味わってみてください。

東欧は西ヨーロッパに比べ、日本人にとってなじみが薄い国もありますが、店内は原色に満ちながらも柔らかな雰囲気。こうしたファブリックやティーカップなどの食器のデザインには、日本の若者文化が花開いた、昭和40年代頃のデザインにも共通する懐かしさを感じられるはずです。

4.

3.

緑園

（りょくえん）

東京都台東区浅草6-41-9／☎090-9840-6441／11:00-19:00／水・木曜日休／東武スカイツリーライン・東京メトロ銀座線浅草駅より徒歩13分、都営浅草線浅草駅より徒歩18分／https://www.happiness-shopping.com

1. ドロップスや宝石のようにきらめく、チェコのガラスボタン。ドイツのファブリックは東欧諸国に比べ、きっちりとした仕上げで高く評価されている／ 2. カップ＆ソーサーから顔をのぞかせる熊のキャラクター「ミーシャ」。モスクワオリンピックのマスコットとして今も世界で愛されている／ 3. 食器のほか、調味料などを入れるキャニスターも充実。こちらはオランダと旧チェコスロバキアのもの／ 4. オランダのドミノカード。子どもに贈りたくなるようなアイテムも多い。1点ものがたくさん揃うので、人と重ならないプレゼントを探している人にもおすすめ

SHITAMACHI・MARUNOUCHI

№ 24

MAP 6-B

【蔵前 | KURAMAE】

NEWOLD STOCK

by オトギデザインズ

和風の扉を開けると、大人でも、外でも履ける靴『いろばき』が迎えてくれる。「日本人のほぼ全員になじみのあるうわばきで、懐かしさを身にまとってほしい」と森岡さん

メッセージカードの色にも似た、アンティークのブリキ缶。カードは職人の手によるオリジナル活版を使い、店内にある活版印刷用の印刷機でお二人が印刷しているそう

職人の街で今と昔がクロスする

隅田川沿いの一角に建つ、古いビル。かつて屋形船の船宿として使われていた店舗のガラス扉を開けると、さまざまな色に目を奪われます。古いブリキ缶に心引かれたら、今度は同じような懐かしい色味を持つ、現代のポストカードに心を奪われる……。

音楽畑からデザインの世界へ飛び込んだ森岡聡介さんと、目黒通りのインテリア店勤務経験を持つ蔵野由紀子さん。デザインレーベル「オトギデザインズ」として活躍するお二人が、米蔵の街・蔵前に立ち上げたこの店には、古いものと新しいものが、国を交えながら同居しています。古道具と現代の作家ものに、同店のオリジナル製品を織り交ぜながら並べているのは、「現代の商品も、アンティークを発掘するような気持ちで楽しんでもらいたい」という思いから。それを象徴するのが、影絵のようなイラストが活版で印刷されたポストカード。下町の職人と作り上げたこの1枚に、「次の時代にも、紙の手触りを伝えられたら」という願いが込められています。

時を超えるアンティークとともに
新しいものを発掘する喜びを届けたい

1.

　1960〜70年代のオランダ、フランス、アメリカなどで使われたヴィンテージの生活雑貨を取り扱う同店には、色や形だけでなく、昔の音を伝えるアイテムまで揃います。当時のアメリカやフランスで作られたものを中心にセレクトしたトイピアノには特に力を入れているといい、ノスタルジックな音を求めてミュージシャンが買いに訪れるそう。「小物をディスプレイしてもかわいいですよ。」と蔵野さん。

　店内の棚には、時代と共に失われつつあるものの魅力があふれています。その中には、アメリカの「コリンズバッグ」の花模様を彩るシックな色合いのビジューや、繊細な彫りが美しいセルロイドのアクセサリーなど、現在では作られなくなってしまった素材も。

「単にものを売ったり作ったりするだけでなく、その背景にあるストーリーも伝えられる場が作りたかった」というお二人にとっては、新しく作り出されたよいものも、時代を越えて愛され続けたものも、同じ地平で輝いています。そんなアイテムが詰まったこのお店は、よいものを愛し、新たなものを生み出していく次世代への、大きなメッセージカードなのかもしれません。

3.

2.

NEWOLD STOCK by オトギデザインズ

（ニューオールド ストック バイ　オトギデザインズ）

東京都台東区蔵前2-15-6 寺輪ビル3F／☎03-5829-8160／12:00-18:00／都営大江戸線蔵前駅徒歩約1分／月〜木曜日（金・土・日のみの営業）休／ http://www.newold.tokyo

1. トイピアノには特に力を入れており、テーブルに置いて弾けるものから子どもが立って弾けるような比較的大きめのものまでさまざま。1万円台から購入できる／ 2. オランダ、ドイツ、ベルギー、フランスなど、ヨーロッパの国々で広く見られるサキソニー柄のヴィンテージ食器。日本の唐草模様のように身近な存在／ 3. セルロイドのアクセサリー。現在では、こうした複雑な彫りを再現できる型は作られなくなってしまったそう。繊細な素材だけに、こうした美しい風合いが残されたものは貴重。ブレスレット2万円前後から

SHOP DATA
東京都墨田区向島 2-9-9／03-3622-8247／11:00-21:00／月曜日休／東武スカイツリーラインとうきょうスカイツリー駅、東京メトロ半蔵門線押上駅ほか徒歩約15分

下町・丸の内エリア・押上

カド

（かど）

よりみち喫茶店 №04

MAP 6-B

1.

ヴィクトリアン様式の店内で花街の人々を潤したジュースを

バラの花が描かれた黒い天井と、天使の像が舞う梁が織りなす重厚な装飾に、まずはしばし身を委ねて。うっとりとため息をついて「活性生ジュース」を口に運べば、そのネーミングからは意外なほど、爽やかでみずみずしい香りが広がります。「これは、料亭のお客さんたちにとってのユンケルみたいなものだったんです」。初代のお父様の跡を継ぎ店主となった宮地隆治さんいわく、東京有数の花街である向島の芸者さんとの待ち合わせ場所として、昭和33年創業の同店が大変に栄えたのだそう。そんな常連客の滋養飲料として愛されたのが、このジュースです。初代は料亭の会計としても腕を振るい、その縁で交流のあった志賀直哉の弟、志賀直三に店舗デザインを依頼。イギリスの肖像画や大正時代の扇風機などのアンティーク品が彩る空間をじっくり味わって。

2.

3.

1. アロエやレモンなどを絞った活性生ジュース 600 円。自家製パンのサンドイッチ 400 円はボリュームだけでなく具の丁寧な仕上げも見事／2. 初代みずからバーナーを手に加工した欄間。二代目が描いた天井画とともに味わって／3. この窓の外には今も昭和の風景が残る

SMALL ANTIQUES & COFFEE SHOPS IN TOKYO

AREA 4

KEIO LINE

SHINJUKU・SHIMOTAKAIDO・TAMA-REIEN・KEIO-HACHIOJI

京王線

新宿・下高井戸・多磨霊園・京王八王子

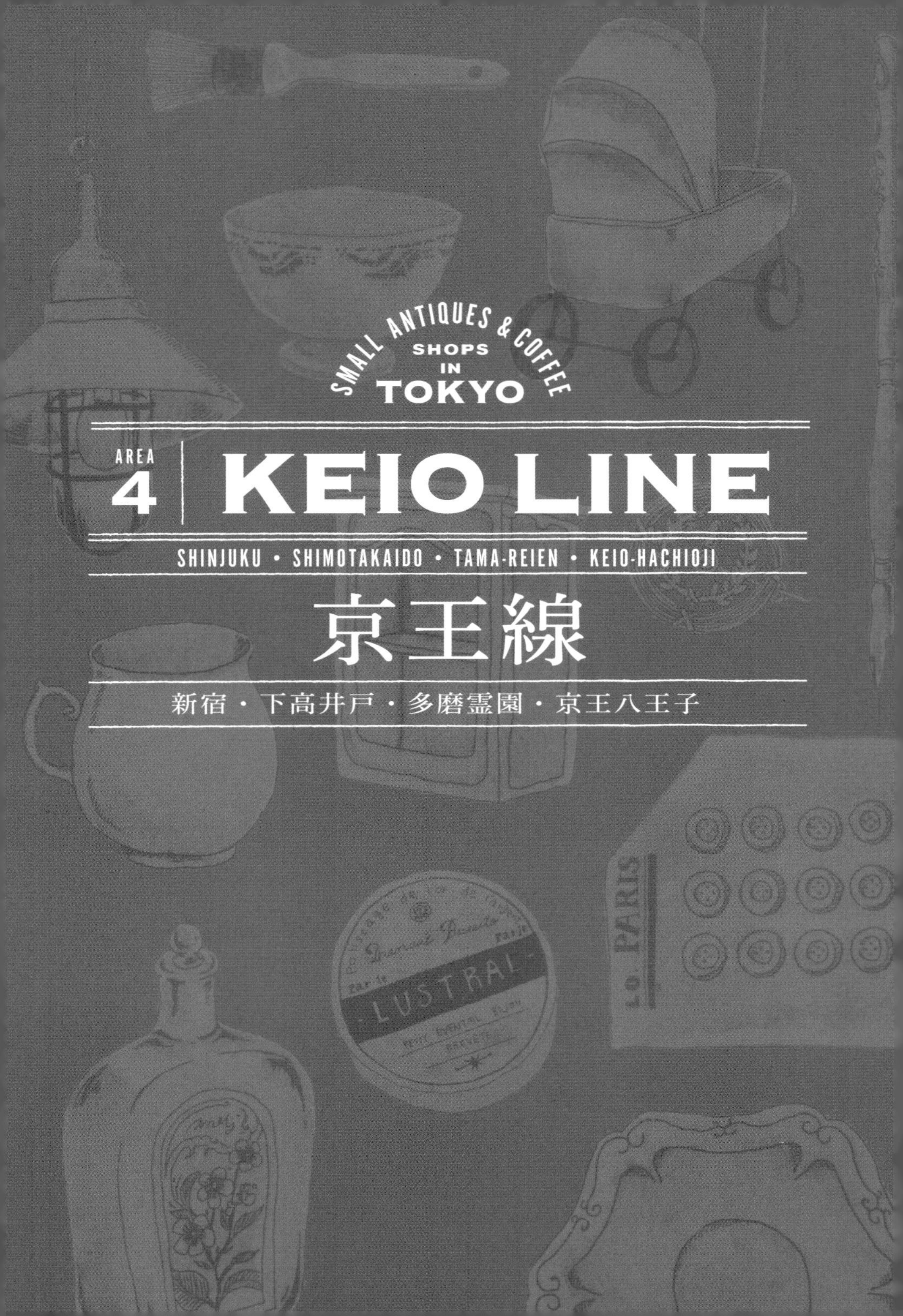

KEIO LINE

№25

MAP 5-B

【新宿 | SHINJUKU】

boil

20世紀初頭から、合成樹脂が普及する1950年代手前にかけてのアイテムが中心。素材の質感が際立つ無地の陶器や、イギリスの精巧なシルバーカトラリーなどを揃える

畳の暮らしにもなじむヨーロッパの器を愛して

新宿の真ん中に、こんな店があったなんて！ 訪れる誰もが、そんな思いを抱くはず。「友人の勧めで、一目惚れしました。この景色を見ながら仕事がしたいと思ったんです」。築60年、エレベーターもない古いビルの階段を上った果てに現れる「boil」の窓に広がるのは、新宿御苑の豊かな緑。幼い頃から食器が好きだったという店主、岩本篤さんが選ぶフランスのグラスの脚に、新宿の街がミニチュアになって映し出されています。

ふたたび店内に目を向ければ、白い壁を背景にバランスよく配置されたキッチン用品が。同店は、料理家やフードコーディネーターなど、食のプロ達にも愛されているそう。重い光を放つピューターの大皿や、すっきりとしたフォルムのアルミ鍋に、日本の駄菓子屋やパン屋で使われていたという木の什器があたたかみを添えています。「リアルな生活に落とし込めるかどうかが、もの選びの判断材料。ヨーロッパのものであっても、畳の上の生活で浮かないものを」。そのぶれない視座が、食を愛する人々の支持を集めています。

1.

2.

窓から差す緑の光が素材の陰影を映し
ヨーロッパと日本の暮らしがリンクする

オランダ、イギリス、フランスなどで買い付けた食器やキッチンツールが店内の多くを占めますが、岩本さんは不思議と「紙運」がよく、貴重な紙モノがどっさり見つかることも多いそう。1950年頃のバーで使われていた広告入りのメモや、淡い色彩のニュアンスが美しいデッドストックの紙箱やペーパーバッグが、無地の器の多い店内にさりげなく色を添え、同店の隠れた小さな柱にもなっています。

月に2回ほど大きく姿を変えるディスプレイも、同店の魅力をくまなく伝える工夫のひとつ。「5、6人も入ればいっぱいの小さい店なんですが、毎週いらっしゃる方も多いので、場所を変えることで、それまで気づかなかったものにも目を留めていただけたら」。

ある日は同じ形をした異国どうしの器に目を惹かれ、次に訪れるときには同素材でまとめられたキッチンツールに魅せられる……。一度訪れただけでは気づかない魅力に、来るたびに出会える仕掛けです。憧れをもって遠くに眺めるヨーロッパではなく、日本で暮らすわたしたちの生活に引き寄せられた品の数々。じっくり眺めていると、きっと料理好きの友達の顔が浮かぶはず。大切な人と共に、何度でも訪れたいお店です。

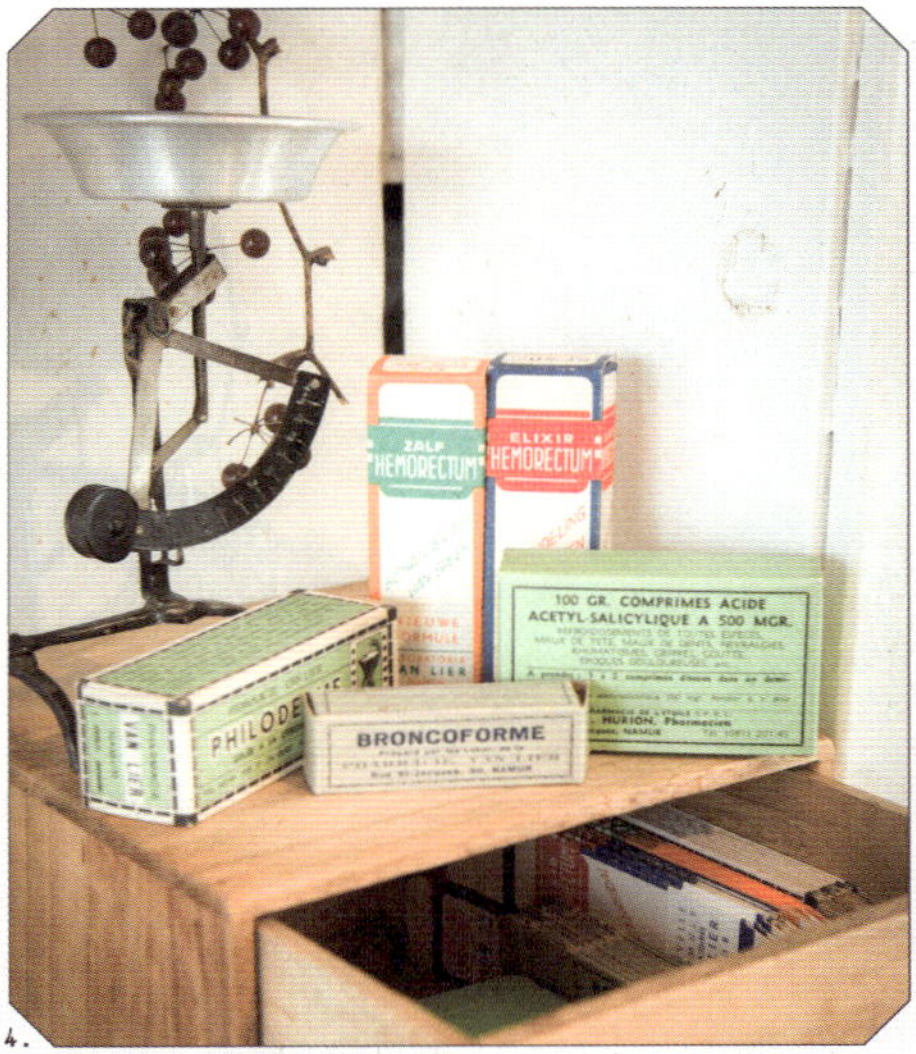

4.

3.

6.

5.

boil

(ボイル)

東京都新宿区新宿 3-1-32 新宿ビル 3 号館 6 階／03-6457-4969／13:00－19:00／水曜日休（不定休あり）／山手線ほか JR・小田急・京王線新宿駅より徒歩 10 分、東京メトロ丸ノ内・副都心線ほか新宿三丁目駅より徒歩約 2 分／ http://www.geocities.jp/boil_zakka/

1. デコラティブなものよりも、すっきりしたデザインのものが同店好み。素材の微妙な表情が、料理を際立たせる／ 2. 窓から差し込む光をはらんだキャンバスに、水差しが柔らかな陰影を描き出す／ 3. カタログのように静謐なディスプレイに加え、使用するシーンが思い浮かぶような配置も／ 4. 閉店したベルギーの薬局から出てきたデッドストックの紙箱／ 5. 戦車のフィギュアに端を発する「ブリトゥン」や「ジョン・ヒル」のリアルな動物模型／ 6. コーヒーミルはフランスのプジョー社のほか、ドイツの庶民に愛されるラインブロック社のものなどを集める

KEIO LINE

№ 26

MAP 3-C

【多磨霊園 | TAMA-REIEN】

可ナル舎

工房で職人が日々メンテナンスを行っており、長く付き合っていける体制が整っている。ステンドグラスや建具も総合的に扱っているので、空間づくりのアドバイスも受けやすい

重厚な家具の中にもかわいらしさが漂う店内。ステンドグラスを立てかけ、素朴な表情の土人形をあしらって。こうした日本の民具は、北欧系のインテリアにもよくなじむ

明治に花開いた時代箪笥の美を堪能

西洋の家具に囲まれて暮らす現在の日本人にとって、アンティークの中で最も足を踏み入れづらいのが日本の家具の世界ではないでしょうか。100年以上前に作られた時代箪笥が並ぶ店内で、そんな気持ちを素直にぶつけると、スタッフの長谷川明江さんが、疑問の糸をほどいてくれました。

「こうした箪笥が最も多く作られたのは、明治時代なんです。江戸時代はもっと質素で、大正の大量生産の時代に入ると金具がシンプルになります。衣装箪笥は花嫁道具なので、日常的にしょっちゅう使う類の家具ではありません。蔵に入ったままのものもあり、新品のようにきれいなものも出てくるんです」。同店の中心となるのは、仙台、米沢、佐渡などで作られた明治時代の箪笥。金具の模様の違いや、押し入れに入れて使う箪笥の奥行きの違いなどが、異なる表情を生み出しているそう。そんな話のひとつひとつが、近寄りがたい存在に思えた時代箪笥を、ぐっと身近な存在に変えてくれます。

1.

2.

古い形に縛られるのではなく伝統を再発見する自由な喜びを

時代箪笥と古伊万里が彩る1階に続くのは、聖像や古地図が静かに並ぶ、モダンな美術館のようなフロアです。美術品のような品物が並ぶ一方で、フローリングの部屋に和の家具をフィットさせる現実的な方法も、さりげなく提案されています。洋風のリビングにも箪笥を取り入れやすいよう、脚を付けて高さを出したり、ガラストップを置いてテレビ台に使ったりと、畳の暮らしから離れた人と日本の伝統をつなぐアイディアがいっぱいです。

「現代の日本の部屋は西洋のものやシンプルなものに囲まれているので、日本の家具や小物は、自分のオリジナリティを出すために取り入れてもいいと思うんです。大きな箪笥を置けなくても、洋風の家具に古民具を置いて目を引く場所を作ったり、お気に入りのものを並べる小さなコーナーを作っても面白いですよ」。その言葉を裏付けるように、「日本の伝統」という言葉に感じる堅苦しさから、自由になれるような使い方のヒントがたくさん詰まっています。現代の暮らしにとっては、日本の伝統はもはや異文化。その現実をふまえた柔軟な提案が、工芸品の数々をいきいきと輝かせています。

4.

3.

6.

5.

可ナル舎

（かなるしゃ）

東京都府中市白糸台 1-26-4 ／ 042-335-5253 ／ 10:00-18:00 ／定休日なし（夏・冬期休業あり）／ 西武多摩川線白糸台駅より徒歩約 7 分、京王本線多磨霊園駅より徒歩約 11 分／ http://www.kanarusha.com

1. 古伊万里をはじめ、江戸時代から昭和期にかけての和食器も豊富。数千円で買えるものも多い／ 2. 商人が筆や硯、お金などを入れて持ち歩いた掛硯。現代のビジネスバッグのようなものといえるだろうか／ 3. 光あふれる 1 階からガラリと雰囲気を変える 2 階。箪笥と民具が静かに並ぶ様は、美術館のよう／ 4. 重厚な黒い金具が美しい仙台箪笥に、漆塗りの器をあしらって／ 5. 水屋箪笥を背景に立つ日本のマリア像。ところどころ色が塗り隠されているように見える／ 6. 江戸時代に作られた古伊万里の器。よく見ると、日常使いしてみたくなるような素朴な魅力がある

KEIO LINE

№ 27

MAP 4-C

【下高井戸 | SHIMOTAKAIDO】

LITEN BUTIKEN

ファブリックはスウェーデンのものを中心にセレクト。老舗・アルメダールスの復刻テキスタイルに、アラビアのプリマヴェーラと、セピア色がキュートなプレートを合わせて

北欧中心に1960～80年代のヴィンテージアイテムをセレクト。「北欧には蚤の市や、ものを捨てない文化が根付いています」と岡さん。店内では音楽イベントも行われる

お日様に代わって輝く北欧色のパレット

スウェーデンの音楽が好きで小さな野外フェスティバルのため同国を訪れ、街並みの美しさとのんびりしたライフスタイルに魅せられてしまったという、店主の岡 里美さん。日本では積み木でしか見かけないような風景が、あちこちに見られるのだそう。店内には、北欧への扉を開いてくれた、愛らしい響きのスウェディッシュポップが優しく流れています。

北欧雑貨の魅力はマリメッコのファブリックやアラビアの食器などによって日本にも広まりましたが、そのイメージをさらに豊かに広げてくれる新たなお気に入りが、絵本のような店内のあちこちに見つかるはず。

北欧雑貨にみられる明るい色は、日照時間が短い自然環境ゆえに、部屋の中に明るさを求めた結果といわれますが、同じ理由から、キャンドルを愛する人も多いそう。同店の窓辺でも、お日様の代わりにオーナメントの優しい色とほのかな影が揺れています。

寒い冬には温かさを、暑い日には涼を季節にあわせて変化する木の温度

1.

2.

スウェーデンの田舎にあるカフェをイメージしたという同店には、カフェカウンターが併設されています。北欧のコースターとともに供される紅茶は、スウェーデンでは誰もが知る「コブス」のもの。クリアな味と優しいバラやブラックカラントのフレーバーに、北欧の香りが溶け込みます。

ムーミンの封筒やとぼけたフクロウの置物のかわいさに歓声をあげながらも、ぜひじっくり感じたいのが、木という素材の不思議さです。素朴な風合いを活かした木の棚や、淡いブルーで塗られた木のテーブルは、冬に触れれば温かみを感じますが、冬の店内で夏の日射しを思い浮かべながら見ると、なぜか涼しさを感じます。店内に並ぶ色とりどりの雑貨も、それは同じこと。ビビッドな色合いのファブリックや動物の置物も、セピア色をした花柄の食器も、手に取る自分の気持ちと季節によって、その印象をゆるやかに変えることに気づきます。

「デンマークの人は明るくて、スウェーデンは自由でのんびりした雰囲気。フィンランドの人は、シャイなところが日本人に似ているかもしれません」。有名ブランドだけにとどまらない北欧のものや人に触れるごとに、興味の扉が開かれていくはず。

4.

3.

6.

5.

LITEN BUTIKEN

（リーテン ブティケーン）

東京都世田谷区赤堤 5-34-2 ／☎ 03-6379-3768 ／平日 12:00 - 20:00　土 13:00-19:00　日・祝 12:00 - 19:00 ／月・水曜日休（祝日は営業）／京王線・東急世田谷線下高井戸駅より徒歩約 6 分／ http://www.litenbutiken.com/

1. フライドオニオンのカリカリした食感が生きる、北欧ホットドッグのティーセット 950 円／ **2.** 雑貨や食の文庫本が控えめに置かれたカウンターでは、北欧のビールやじゃがいもの蒸留酒、自家製の梅酒も楽しめる／ **3.** フィンランドのポストカード。同国は郵便局オリジナルのアイテムにも優れたものが多いそう／ **4.** 淡くはかないニュアンスの旧東ドイツ製レースに、胸が切なくなる／ **5.** 木のカトラリーやホーロー製品も揃う。デフォルメされた動物オブジェの愛らしさは、圧倒的！ ／ **6.** 木のオーナメントは、スウェーデンの老舗・ラッセントレーのものが中心

SHOP DATA
東京都八王子市八幡町12-11／☎042-626-8114／11:00-19:00／水曜日休／京王本線京王八王子駅、JR中央線・横浜線ほか各線八王子駅より徒歩約20分

京王線エリア・京王八王子

Gallery & Garden Cafe YASUTAKE

（ギャラリー アンド ガーデン カフェ ヤスタケ）

よりみち喫茶店 №05

MAP 1-C

1.

あこがれのアンティーク生活を実現する人を訪ねて

2.

3.

コーヒーとココアの香りがいっぱいに広がる同店。奥の建物から漏れるオレンジ色の光と、緑あふれる庭に目を奪われていると「そちらの部屋でもどうぞ」と店主の田中康之さんが誘います。「何十年も自分で手入れしている庭を一人で見るより、誰かに見てもらえたら。そう思って店を始めました」。味わい深い庭のレンガは瀬戸の登り窯で使われていたもの。70年前の和風建築をリフォームした建物にイギリスのステンドグラスから光が差し込み、日本とフランスのシンプルな家具を取り入れたアール・デコ調の空間に陰影を生み出しています。アンティークとともに生きる店主のお茶会に招かれたような気分で、手作りのチーズケーキを一口。スフレとサワークリームの二層がふんわり溶け合います。ウェッジウッドのカップで供されるコーヒーとともにアンティーク物語に耳を傾けて。

1. 欄間のステンドグラスをシンボルに全体のテイストを作り上げたという。フランスの照明とともに穏やかな光をもたらす／2. ブレンドとチーズケーキのセット700円。アンティーク食器でいただくランチやディナーも楽しめる（要予約）／3. 5月にはピンクのバラが庭を彩る

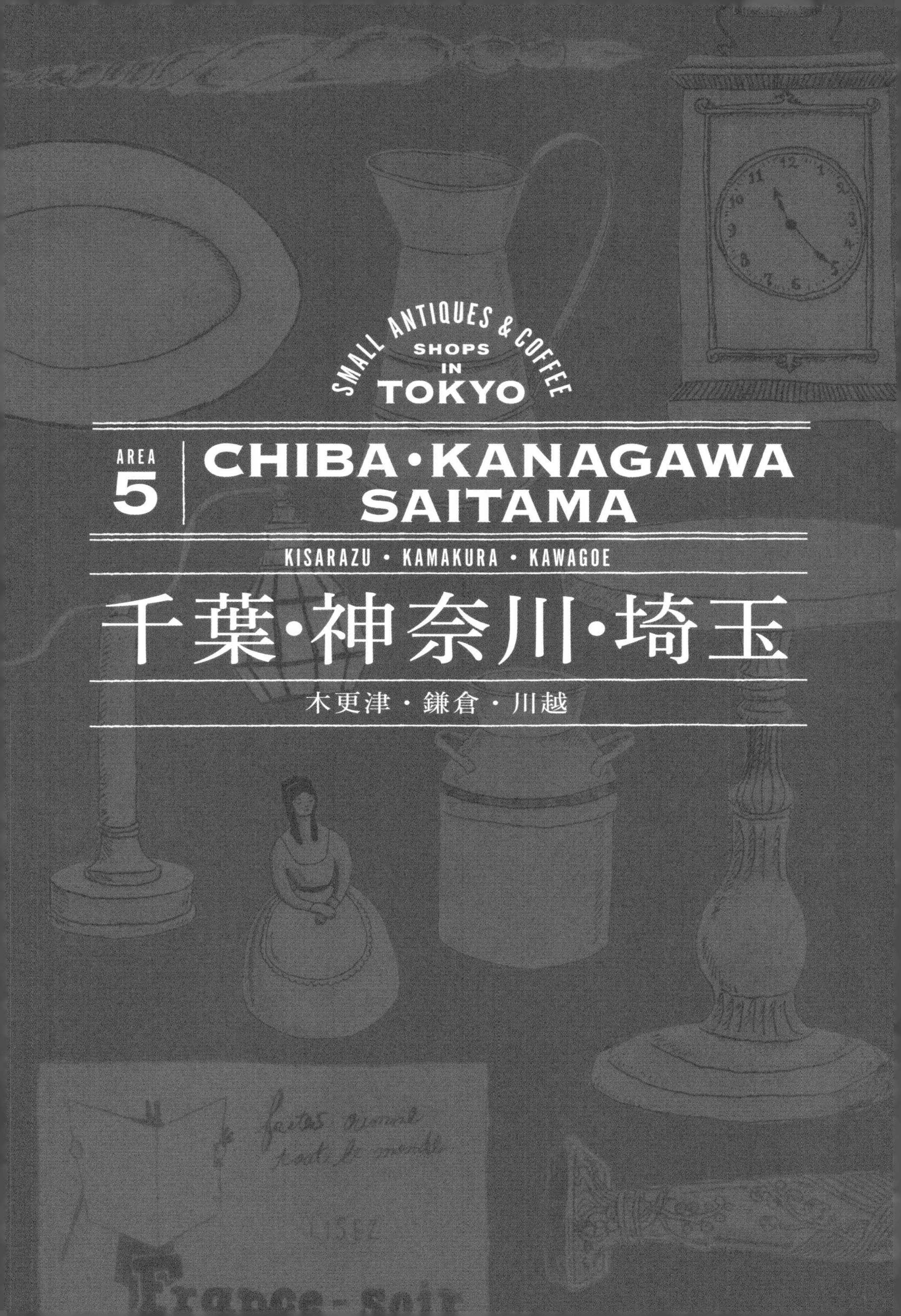

SMALL ANTIQUES & COFFEE SHOPS IN TOKYO

AREA 5

CHIBA・KANAGAWA SAITAMA

KISARAZU・KAMAKURA・KAWAGOE

千葉・神奈川・埼玉

木更津・鎌倉・川越

CHIBA・KANAGAWA・SAITAMA

№28

MAP E

【木更津|KISARAZU】

金田屋
リヒトミューレ

俗に「5球スーパー」と呼ばれるサンヨーの真空管ラジオ。当時は電気蓄音機に接続してアンプ代わりに使用されたそう。iPhone などにつないで音楽を聴くこともできる

ペリカンやダンヒルなどの確かなアンティーク製品を取り揃える一方で、ひとつ数百円から購入できる小瓶などの雑貨も豊富。「建物以外はすべて売り物」が合い言葉

レトロな看板建築に街の魅力を詰め込んで

アンティークの世界には『骨董磨くな、骨董洗うな』という言葉があって、そのまま売るのが王道なんですよ。でもうちはキレイにしちゃうし、壊れているものは使えるように直しちゃう。道具は、使われるために生まれてきたと思っているから」。傍目には正統派に見える同店を「邪道」とも表現する、店主の長谷川裕隆さん。ラジオや時計など、ジャンク品としても価値が認められているものも、あくまで使える道具として、メンテナンスを施しています。その思想は、大きな道具ともいえるこの建物にも宿っています。看板建築などのレトロ建築が集まる木更津の中でもそのルーツは古く、江戸時代に始まった薬局「金田屋」の雑貨事業部「金田屋洋品店」として、明治時代に開業しています。現在の建物は、昭和7年築の朽ちかけた店舗を、長谷川さんがみずからの手でよみがえらせたもの。新たな命を吹き込まれたこの店で、店名の由来ともなったガラスのオブジェ"リヒトミューレ"*が、太陽の光を受けてのんびりと回っています。

＊リヒトミューレ＝昔の理科の実験器具「クルックスのラジオメーター」のドイツ語名。

1.

2.

直感と知識の両軸がアンティークをさらに輝かせる

日本と西洋のエッセンスが溶け合った店舗と同じく、和洋のアンティーク品が顔を向かい合わせる店内に響く時計の音。その音色に聞き惚れていると、長谷川さんが優しく教えてくれました。「時計の文字盤に穴が3つ開いていますよね。1つは時計を動かす力、2つめは時報を打つ力、そして3つめは15分ごとのチャイムを打つ力のために空いているものなんです」。

店内に並ぶ品をより輝かせる店づくりに努めるだけでなく、幅広い知識から、ものの見方の面白さを伝えることも惜しまない長谷川さん。店を訪れるたびに、自分のアンティーク愛がさらに深まっていくのがわかります。イギリスが関わった貴金属に刻印され、金属の種類や純度、作られた時期などを表す記号「ホールマーク」の存在や、高級喫煙具で知られるダンヒルは馬具の製造からスタートしたという歴史も、そんな知識のひとつ。「この戦前のガラスペンは、現代まで店頭に並ぶ事なく、70年経ってやっと今店頭に並んだんです。すごいことじゃないですか？」店主との何気ない会話のすみずみに、歴史への敬意と、アンティークへの思いがあふれています。そのあたたかさに触れれば、きっとこの街ごと、好きになれるはず。

4.

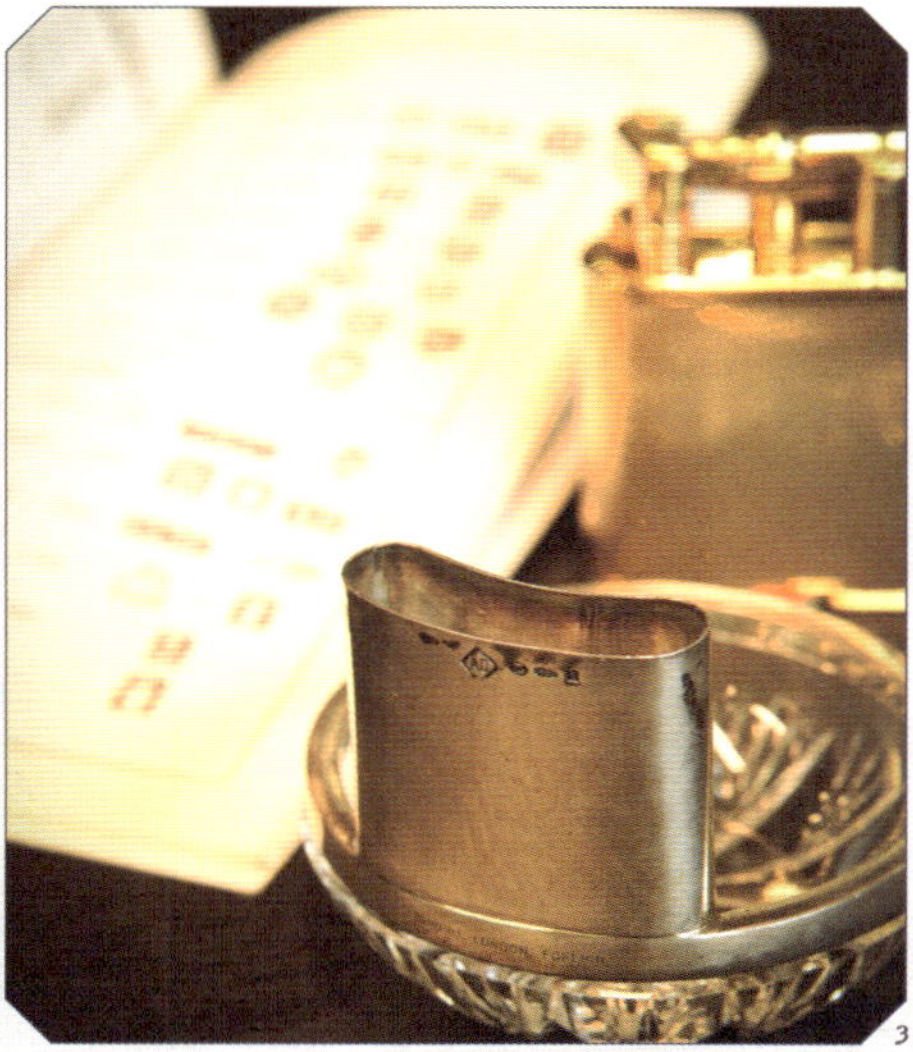

3.

6.

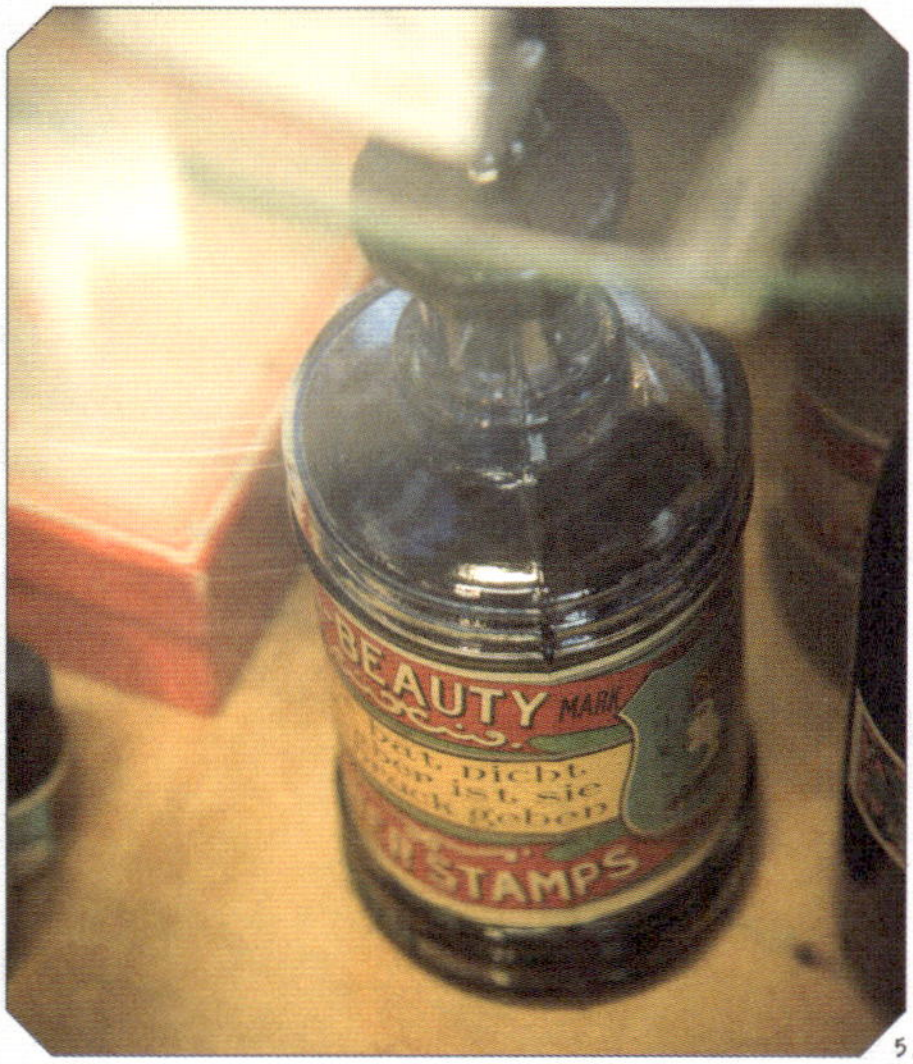

5.

金田屋リヒトミューレ

（かねだやりひとみゅーれ）

千葉県木更津市中央 2-1-16 ／ 0438-38-3538 ／ 9:00 - 19:00 ／不定休／ JR 内房線・久留里線木更津駅より徒歩約 7 分／ http://lichtmuhle.com

1. 時計販売のほか修理や電池交換も行っており、街の人たちが気軽に訪れていく／ 2. 万年筆を含む文房具の総合メーカーとしてスタートしたペリカン社のポスターが並ぶ店内。同社の歴史は長谷川さんを特に魅了するもののひとつ／ 3. ダンヒルのヴィンテージオイルライターと灰皿。ホールマークがはっきりと見える／ 4. オールドノリタケのインク瓶。貴重な戦前の国産ガラスペンと共に／ 5. 中身ごと残る日本のインク瓶。ガラスペンならこうした古いインクも使える／ 6. 外観を深く印象づける緑色のダイヤガラスは、オリジナルのミニチュア品にもなっている

CHIBA・KANAGAWA・SAITAMA

№ 29

MAP E

【鎌倉 | KAMAKURA】

FIVE FROM THE GROUND

ピューターでできたフランスのじょうごを使い仕立てたランプと、浮きに古い釘を刺して作ったりんごのオブジェ。ぼんやり眺めていると、色が浮かんでくるような気がする

錆びた質感が美しいフランスの製図用具や老眼鏡。その下には、1900年代初頭の、ベルギーの事務所類の写しの控えが。当時の領収証がクリップで留めてあるページもある

地球規模の視線で ものを見つめ直す

20世紀初頭のベルギー人の手書き文字や、長く愛用されてすり減った金属製のナイフ。昼間の白い光が満ちる店内で、ヨーロッパのものが静かに息をしています。この店を始めたきっかけを尋ねると、意外な一言が。

「私たちはずっとアジアやアフリカを回って木や土の文化に触れてきたので、自分たちには石と鉄の文化を持つヨーロッパが新しいものに映るんです。独特の浮遊感が、私たちにとってはむしろ新鮮で」。

ケニアやタンザニアで民芸品を扱う仕事をしていたご主人と、人類学のフィールドワークでケニアを訪れていた奥様。バックパッカーとして長く旅を続けた店主ご夫妻が選んだこの建物は、かつては甘味処だったそう。店内にはその名残りを伝える丸窓の跡があり、その大きな穴を通してのぞき込む店内は、遠い異次元の空間のよう。日本の歴史を今に伝える鎌倉の風景と、ヨーロッパの昔を伝えるものが出会うこの場所で、世界を見てきたお二人の話が、視点を地球規模に広げてくれます。

アフリカの旅を経て見つめなおす
ヨーロッパの色彩とシルエット

1.

「良いと感じるものに対する意識自体は、国が違っても変わらないですね。渋味が出たアジアの木の器も、錆がいい具合になったヨーロッパの鉄の道具も、感覚は同じなんです」。毛羽立つようなシャビーな風合いのテーブルに触れてみると、目で見て想像した以上に、使い込まれたなめらかな手触りを感じます。隣には、古い道具を使ったオブジェや、じょうごを伏せて作ったランプ、古布で作られたエプロンなどのリメイクものも。同店のアイテムの存在感は、複雑なデザインではなく、時を経た素材の素朴な質感に表れています。

「長くアンティークと付き合っていると、どうしてもお腹いっぱい、これ以上買いたいものがない、という時が来ます。でも私たちには、開店以来、ずっとお付き合いを続けているお客さんが多いんです」。アンティーク好きの多い鎌倉の人々に長く愛されているのは、きっと情報だけにとらわれず、店主自身が新鮮な気持ちになれるものを選び続けているから。これを自宅のリビングに置いたら、あるいはケニアの家庭で使ったら、どんなふうに目に映るだろう？　手にしたものの次の居場所を想像するたび、旅に出たい気持ちまでもが膨らんでいくはずです。

3.

2.

5.

4.

FIVE FROM THE GROUND

（ファイブ フロム ザ グラウンド）

神奈川県鎌倉市二階堂27-10／☎0467-23-7855／12:00-18:00／日・月曜日（火曜日は予約制、GW等臨時休業あり）／JR横須賀線・江ノ島電鉄鎌倉駅より徒歩約20分／http://from-the-ground.com

1. ピューターの食器は年代によって金属の配合が異なり、色味に違いが生まれる。左上のものは18世紀のもの。昔の人々の食事風景が浮かぶような、使い込まれた痕跡に惹かれる／2. フランスの古布を使い、昔のエプロンからとったパターンで仕上げたエプロン／3. 大工仕事で使う測量用の道具のパーツを重りにしたオブジェ／4. かつて昭和のピンク電話が置かれていたスペースに、電球が灯る。架空の国のおもちゃ箱のような一角／5. 以前はブロック塀や木で遮られていた窓辺に、今は大きな窓からたっぷりと日が差し込み、風景を揺らす

CHIBA・KANAGAWA・SAITAMA

№30

MAP E

【川越｜KAWAGOE】

Shabbyfarm

当時の空気そのままのブリキ天井や、ダイヤガラスの明かり取りが作り出す陰影にうっとり。ダメージのあった箇所は、古いモールガラスを使った建具などで修繕している

静かな住宅街の一角に建つ店舗。大正 14 年に建てられたこの建物そのものが、大きなアンティークだ。同じ建物内には店主の友人が営む「カフェ 1925」も

蔵の街の静かな部屋で宝物がふたたび輝く

川越は、明治時代に建てられた建物を中心に、今も堂々たる姿を残す蔵作りの街並みで知られています。そんな街並の一角にあるのが、このお店。10年ほど空き家のままになっていた場所ですが、以前は手芸店やダンスホールとして愛されたのだそう。ブリキ天井の華やかな装飾が、往時をしのばせます。

そんな建物の雰囲気もあって、並ぶものはヨーロッパで仕入れたもののように映りますが、実はすべて日本で仕入れたものだとか。「個人宅の蔵や、閉店した薬屋さんやパン屋さんに行ったりして、お客様から直接買い付けをしています。捨ててしまうのはもったいない、というお話から、いろいろな思い出話をお聞きすることも」。店内には、店主の遠藤さんが、最後にそのものを手にした人と顔を合わせて直接引き継いだ品が並びます。海外でさまざまな人の手を経たアンティークが持つミステリアスな美しさとは異なり、自分のおじいさんやおばあさんから受け継がれたもののような親しみが、ものの魅力をぐっと身近に引き寄せてくれます。

1.

日本の家に眠る品に込められた人々のあこがれを紐解く

一見気づきませんが、驚くほどリーズナブルな価格も、同店の嬉しいポイント。海外ではなく日本で買い付けを行うため、渡航や輸送のコストがかからず、都心のショップで買い物する予算で倍ほどのアイテムを手に入れられることも珍しくありません。手の届かない高額の骨董品に胸をときめかせるのもアンティークショップめぐりの醍醐味ですが、一目惚れした品を実際に手にできるのは、やはり嬉しいもの。宝探しをするような気持ちで、気づけば長居をしてしまいます。

個人から引き取るといっても、家ごとに趣味はさまざま。大切にしまいこまれていた引き出物のグラスもあれば、ガラクタのような古いおもちゃが現れることもあります。いずれにしても共通しているのは、日本に住む誰かが、一度は胸をときめかせた品であるということ。また、家や店舗などから出る実用品が多い一方で、ガラスのない枠だけの建具など、もの作りを行う人のヒントになりそうな品物もいっぱいです。「壊れた道具があっても、この部品がなにかに使えるんじゃないか、と思ってつい取っておいてしまうんです」。ジャンルもデザインも多岐に渡るアイテムの中から、柔らかく、あたたかいかわいらしさがあるものが選り抜かれています。

3.

2.

5.

4.

Shabbyfarm
（シャビーファーム）
埼玉県川越市連雀町32-1 studio1925内／☎ 090-6927-4418／11:00-16:30 水11:00-15:00／月・木曜日休／西武新宿線本川越駅より徒歩6分、東武東上線川越市駅より徒歩12分／https://www.shabbyfarm.jp

1.「みづほ染料」の文字が見える小瓶。工場や病院などに買い付けに行くことも多く、さまざまな分野のプロが使っていた道具のフォルムがとても興味深い／2.ビクトリア朝時代のものと伝わるブローチやイヤリング。アクセサリーはほとんどが5000円以下／3.同店の前にこの場所で営業していたという手芸店から引き継いだボタン。お菓子の金型の中できらめいている／4.海外旅行のおみやげも多く、さまざまな国のものが揃う。外国へのあこがれが詰まっているようで、いとおしい／5.ガラス製品やキッチンまわりの小物が豊富。春夏の店内に涼を添える

AFTERWORD

レトロ雑貨には、
単に「古い時代のもの」にとどまらない
魅力があふれています。

効率を重視する現代では使えない、質のよい素材や
職人の技が生きる精巧なデザインも魅力的ですし、
いびつだったり、ちょっぴりまぬけだったり
おおらかな造形も愛おしい。

現代の家具や雑貨のデザインの基礎が
１００年以上も前にほとんど完成していたことを感じて
驚くこともしばしばです。

それだけに、ひとつお気に入りをみつけると、
暮らしがとても愛おしくなる。

小さなボタンや
ちょっとした動物の置物でさえ、
暮らしをガラリと変えてしまうほどの
力を持っています。

古いものを見つめていると
新しい素材を発明し、
便利な道具を作り出すだけにとどまらず
どうしてもそこに美しさ、
かわいらしさを添えずにいられなかった
人間への愛おしさまでも芽生えます。

なぜこんなものができたんだろう?
どういう気持ちでこれを作ったんだろう?
なぜこれは、現代では失われてしまったんだろう?

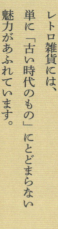

過去への興味をたどっていくと、
自然と、現代のものを深く見つめることにつながります。

今、自分が手にしているものはどうやって生まれたのか。
そしてこの先、モノはどう変わっていくのか。

古いものを愛することは、
現実から目を背ける
後ろ向きな行為ととられることもありますが、
むしろ、今を深く見つめ
未来への期待を高めてくれる
前向きな行為だと思わずにいられません。

忙しい毎日に疲れたときは、
何かの役に立つわけではなくても
ただただ美しくてかわいい
レトロ雑貨を見つめていると
自分が本当に大事にしたいことを
思い出せる気がします。

お気に入りの雑貨を眺めて
おいしい珈琲を飲んで。
この本と共に、
ふっと心なごむひとときを
過ごしていただけたら幸いです。

増山かおり

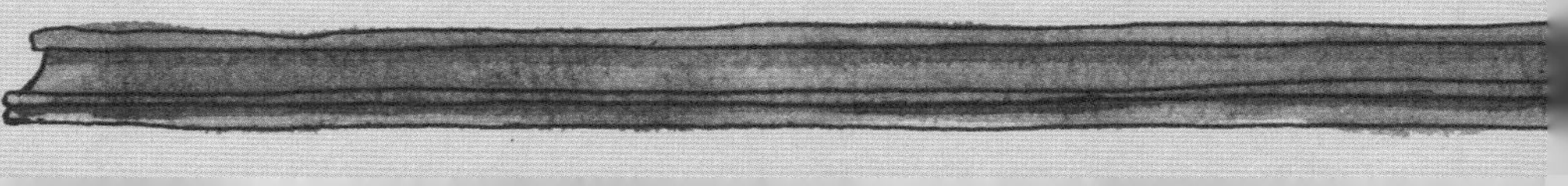

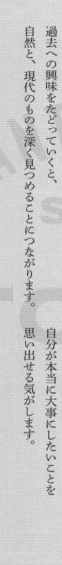

SMALL ANTIQUES & COFFEE SHOPS IN TOKYO

＊ ＊ ＊

さあ、そのドアを開けて、
お気に入りを探しに行こう。

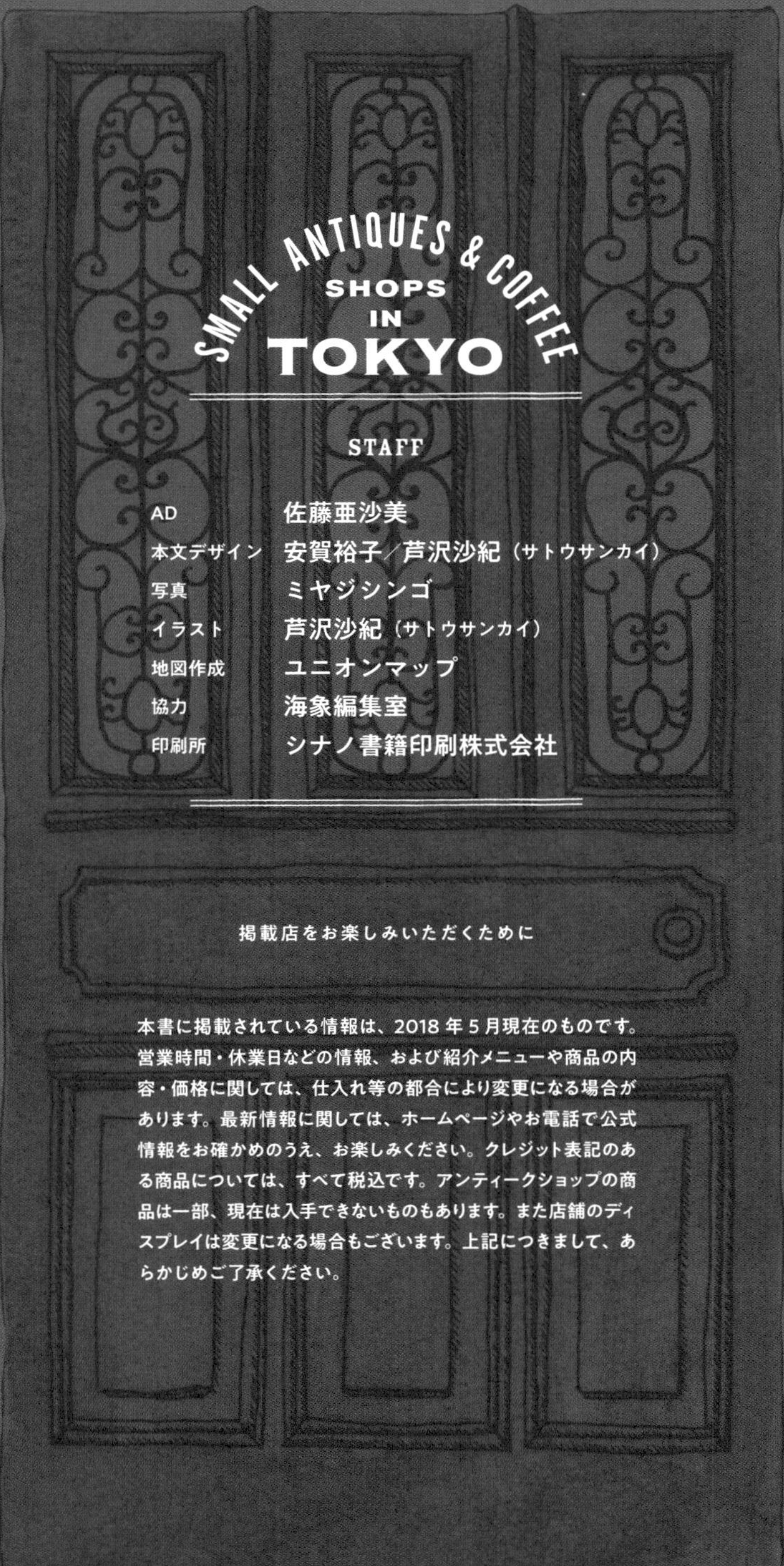

SMALL ANTIQUES & COFFEE SHOPS IN TOKYO

STAFF

AD	佐藤亜沙美
本文デザイン	安賀裕子／芦沢沙紀（サトウサンカイ）
写真	ミヤジシンゴ
イラスト	芦沢沙紀（サトウサンカイ）
地図作成	ユニオンマップ
協力	海象編集室
印刷所	シナノ書籍印刷株式会社

掲載店をお楽しみいただくために

本書に掲載されている情報は、2018年5月現在のものです。営業時間・休業日などの情報、および紹介メニューや商品の内容・価格に関しては、仕入れ等の都合により変更になる場合があります。最新情報に関しては、ホームページやお電話で公式情報をお確かめのうえ、お楽しみください。クレジット表記のある商品については、すべて税込です。アンティークショップの商品は一部、現在は入手できないものもあります。また店舗のディスプレイは変更になる場合もございます。上記につきまして、あらかじめご了承ください。

SMALL ANTIQUES & COFFEE
SHOPS
IN
TOKYO

東京のちいさなアンティークさんぽ
レトロ雑貨と喫茶店

2018年5月7日　初版第1刷 発行

＊ ＊ ＊

著者：増山かおり

発行者：澤井聖一

発行所：株式会社エクスナレッジ
〒106-0032　東京都港区六本木7-2-26
http://www.xknowledge.co.jp/

問合せ先

編集：☎ 03-3403-6796／(Fax) 03-3403-1345
info@xknowledge.co.jp
販売：☎ 03-3403-1321／(Fax) 03-3403-1829